制度、名物与史事沿革系列

变法史话

A Brief History of Reform Movement in China

王子今 / 著

社会科学文献出版社
SOCIAL SCIENCES ACADEMIC PRESS (CHINA)

图书在版编目（CIP）数据

变法史话/王子今著. —北京：社会科学文献出版
社，2011.12（2014.8 重印）
（中国史话）
ISBN 978 – 7 –5097 –2662 –4

Ⅰ.①变… Ⅱ.①王… Ⅲ.①政治改革 – 研究 –
中国 – 古代 Ⅳ.①D691

中国版本图书馆 CIP 数据核字（2011）第 174013 号

"十二五"国家重点出版规划项目

中国史话·制度、名物与史事沿革系列

变法史话

著　　者 / 王子今

出 版 人 / 谢寿光
出 版 者 / 社会科学文献出版社
地　　址 / 北京市西城区北三环中路甲 29 号院 3 号楼华龙大厦
邮政编码 / 100029

责任部门 / 人文分社（010）59367215
电子信箱 / renwen@ ssap. cn
责任编辑 / 关志国
责任校对 / 谢　敏
责任印制 / 岳　阳
经　　销 / 社会科学文献出版社市场营销中心
　　　　　　（010）59367081　59367089
读者服务 / 读者服务中心（010）59367028

印　　装 / 北京画中画印刷有限公司
开　　本 / 889mm×1194mm　1/32　印张 / 7.75
版　　次 / 2011 年 12 月第 1 版　　字数 / 152 千字
印　　次 / 2014 年 8 月第 2 次印刷
书　　号 / ISBN 978 – 7 –5097 –2662 –4
定　　价 / 15.00 元

总　序

　　中国是一个有着悠久文化历史的古老国度，从传说中的三皇五帝到中华人民共和国的建立，生活在这片土地上的人们从来都没有停止过探寻、创造的脚步。长沙马王堆出土的轻若烟雾、薄如蝉翼的素纱衣向世人昭示着古人在丝绸纺织、制作方面所达到的高度；敦煌莫高窟近五百个洞窟中的两千多尊彩塑雕像和大量的彩绘壁画又向世人显示了古人在雕塑和绘画方面所取得的成绩；还有青铜器、唐三彩、园林建筑、宫殿建筑，以及书法、诗歌、茶道、中医等物质与非物质文化遗产，它们无不向世人展示了中华五千年文化的灿烂与辉煌，展示了中国这一古老国度的魅力与绚烂。这是一份宝贵的遗产，值得我们每一位炎黄子孙珍视。

　　历史不会永远眷顾任何一个民族或一个国家，当世界进入近代之时，曾经一千多年雄踞世界发展高峰的古老中国，从巅峰跌落。1840 年鸦片战争的炮声打破了清帝国"天朝上国"的迷梦，从此中国沦为被列强宰割的羔羊。一个个不平等条约的签订，不仅使中国大量的白银外流,更使中国的领土一步步被列强侵占,国库亏空,民不聊生。东方古国曾经拥有的辉煌,也随着西方列强坚船利炮的轰击而烟消云散,中国一步步堕入了半殖民地的深渊。不甘屈服的中国人民也由此开始了救国救民、富国图强的抗争之路。从洋务运动到维新变法,从太平天国到辛亥革命,从五四运动到中国共产党领导的新民主主义革命,中国人民屡败屡战,终于认识到了"只有社会主义才能救中国,只有社会主义才能发展中国"这一道理。中国共产党领导中国人民推倒三座大山,建立了新中国,从此饱受屈辱与蹂躏的中国人民站起来了。古老的中国焕发出新的生机与活力,摆脱了任人宰割与欺侮的历史,屹立于世界民族之林。每一位中华儿女应当了解中华民族数千年的文明史,也应当牢记鸦片战争以来一百多年民族屈辱的历史。

当我们步入全球化大潮的 21 世纪,信息技术革命迅猛发展,地区之间的交流壁垒被互联网之类的新兴交流工具所打破,世界的多元性展示在世人面前。世界上任何一个区域都不可避免地存在着两种以上文化的交汇与碰撞,但不可否认的是,近些年来,随着市场经济的大潮,西方文化扑面而来,有些人唯西方为时尚,把民族的传统丢在一边。大批年轻人甚至比西方人还热衷于圣诞节、情人节与洋快餐,对我国各民族的重大节日以及中国历史的基本知识却茫然无知,这是中华民族实现复兴大业中的重大忧患。

中国之所以为中国,中华民族之所以历数千年而不分离，根基就在于五千年来一脉相传的中华文明。如果丢弃了千百年来一脉相承的文化，任凭外来文化随意浸染，很难设想13亿中国人到哪里去寻找民族向心力和凝聚力。在推进社会主义现代化、实现民族复兴的伟大事业中，大力弘扬优秀的中华民族文化和民族精神，弘扬中华文化的爱国主义传统和民族自尊意识，在建设中国特色社会主义的进程中，构建具有中国特色的文化价值体系，光大中华民族的优秀传统文化是一件任重而道远的事业。

当前，我国进入了经济体制深刻变革、社会结构深刻变动、利益格局深刻调整、思想观念深刻变化的新的历史时期。面对新的历史任务和来自各方的新挑战，全党和全国人民都需要学习和把握社会主义核心价值体系，进一步形成全社会共同的理想信念和道德规范，打牢全党全国各族人民团结奋斗的思想道德基础，形成全民族奋发向上的精神力量，这是我们建设社会主义和谐社会的思想保证。中国社会科学院作为国家社会科学研究的机构，有责任为此作出贡献。我们在编写出版《中华文明史话》与《百年中国史话》的基础上，组织院内外各研究领域的专家，融合近年来的最新研究，编辑出版大型历史知识系列丛书——《中国史话》，其目的就在于为广大人民群众尤其是青少年提供一套较为完整、准确地介绍中国历史和传统文化的普及类系列丛书，从而使生活在信息时代的人们尤其是青少年能够了解自己祖先的历史，在东西南北文化的交流中由知己到知彼，善于取人之长补己之短，在中国与世界各国愈来愈深的文化交融中，保持自己的本色与特色，将中华民族自强不息、厚德载物的精神永远发扬下去。

《中国史话》系列丛书首批计 200 种，每种 10 万字左右，主要从政治、经济、文化、军事、哲学、艺术、科技、饮食、服饰、交通、建筑等各个方面介绍了从古至今数千年来中华文明发展和变迁的历史。这些历史不仅展现了中华五千年文化的辉煌，展现了先民的智慧与创造精神，而且展现了中国人民的不屈与抗争精神。我们衷心地希望这套普及历史知识的丛书对广大人民群众进一步了解中华民族的优秀文化传统，增强民族自尊心和自豪感发挥应有的作用，鼓舞广大人民群众特别是新一代的劳动者和建设者在建设中国特色社会主义的道路上不断阔步前进，为我们祖国美好的未来贡献更大的力量。

陈奎元

2011 年 4 月

⊙王子今

　　王子今，1950 年 12 月生于哈尔滨。毕业于西北大学
历史系考古专业、中国古代史专业。现为中国人民大学
国学院教授、博士生导师，北京大学历史学系兼职教授，
中国秦汉史研究会会长。出版《权力的黑光》、《"忠"观
念研究》、《走向大一统的秦汉政治》、《秦汉史：帝国的
成立》、《中国历代王朝开国检讨》、《千百年眼：皇权与
吏治的历史扫描》等学术著作 30 余种，发表学术论文
510 余篇。

目 录

引言　历史上的变法运动

　　今人往往统称之为"改革"的历史文化现象，因为往往对传统法制实行适当调整，对旧有秩序形成强烈冲击，古来或称之为"变法"，或称之为"改制"。

　　变法，在中国漫长的历史进程中，是社会动力冲决种种羁绊，除旧布新，推陈出新，革故鼎新，从而明显推动历史发展和文明进步的一种富有积极意义的社会运动。

 ## "变法"的名义

　　对于改革，历来有不同的表述方式。

　　动摇旧制度的根本，一时轰动朝野的改革运动，一般称为"变法"、"改制"。

　　"变法"，是旗帜鲜明的改革运动，是震荡强烈的改革运动，是节奏激切的改革运动。

　　正史中《史记》最早出现"变法"的说法。《秦本纪》："卫鞅说孝公变法修刑，内务耕稼，外劝战死之赏罚。"《商君列传》说："鞅欲变法"，后来"卒定变法之令"。可能就是从司马迁以后，"变法"也被看做"改革"的同义语。

于是，人们一般习惯于把王朝当政集团成员所策动和主持的规模较大、影响也较大的改革，特别是法令制度的改革、政治体制的改革，都称之为"变法"。

近世推行资产阶级革命的仁人志士们，也把"变法"作为自己的口号。严复在《救亡决论》中就曾经大声疾呼："天下理之最明而势所必至者，如今日中国不变法则必亡是也。"

我们在这里讨论"变法"的历史的时候，也许还应当关注史籍虽未明称"变法"，其实质却确有"变法"意义的其他应当予以肯定、应当予以重视的改革形式。例如：

（1）王朝更替时，常常以新的政治形式取代原有的旧的政治形式，这种政权主体的变化，有时称作"革命"。如《周易·革》说："天地革而四时成，汤武革命，顺乎天而应乎人。"唐代学者孔颖达曾经解释说：夏桀和殷纣王专政的时代，凶狂无度，于是上天为之震怒，民众纷纷反叛，殷汤把夏桀流放到鸣条，周武王将殷纣王诛杀于牧野，"革其王命，改其旧俗"，所以说"汤武革命，顺乎天而应乎人"。这种以王权易主为标志的政治演变，又称作"革姓"、"革政"、"革世"、"革代"、"革运"等。这种变化，往往不仅"革其王命"，而且"改其旧俗"，因而有时也具有与"变法"类同甚至超过一般"变法"的意义。例如，我们考察秦汉之际的政权交替可以看到，刘邦本人出身平民，在秦时任过亭长。他的功臣集团大多出身低微，除了张良家世高贵而外，其余多为所谓"亡命无赖之徒，立功以取将相"者。萧何、曹参、任敖、周苛都是基层政权的普通小吏，陈平、王陵、陆贾、郦商、郦食其、夏侯婴等都是一般平民，樊哙是屠狗者，周勃是织席、吹箫服务于丧事者，灌婴是卖织品的小贩，娄敬是挽车的普通役人。清代历史学者赵翼总结西汉初期政权结构，曾经称此为"汉初布衣将相之局"。他同时指出，这种打破贵族政治传统定式的"前此所未有"的新的政治格局的形成，具有重大的历史意义，由此可以说明，"盖秦汉间为天地一大变局"。赵翼在《廿二史札记》卷二写道，自古以来，都是封建诸侯各君其国，卿大夫也世袭其官，成例相沿，视为固然。后来这种政治格局积弊日甚，暴君荒主，于是以残虐之心役使民众，没有任何力量可以约束限制；而强臣大族，又篡弑相仍，政治争斗激烈，以致祸乱不已。这样的政治形势是不能不改变的，但是数千年来世侯世卿之局，一时也难以迅速扭转。战国晚期，这种贵族政治体系实际上已经动摇，不过，新的政治体制的面貌尚不明朗。秦开一统之局，政体焕然一新，但是，"虽无世禄之臣，而上犹是继体之主也"。大臣的任用虽然已经打破"世禄"的传统，而最高统治者，依然是王族世袭。直到汉初，新王朝之气象大变，似乎"天意已另换新局"，新的政治体制得以开创，"天之变局，至是始定"。而且新的贵族在高度集权的中央政府统治之下，权位随时可以消除。于是三代以来世侯世卿之陈旧政统，荡然净尽，"而成后世征辟、选举、科目、杂流之天下矣"。

（2）历史上有些"变法"运动，主持者并不公开申明自己是在发动"变法"，而是以渐进的形式，以潜默的形式建设新的制度，推行新的政策。《周易·乾》："乾道变化，各正性命。"三国时期学者王弼解释说："乘变化而御大器，静专动直，不失大和。"唐代学者孔颖达也说，"变"，是指"后来改前，以渐移改"，这叫做"变"；而"化"，是指"一有一无，忽然而改"，这叫做"化"。"乾"之造物，或者"渐变"，或者"卒（猝）化"，各自都能够正定事物的"性命"。对于这样的观点，我们可以理解为，无论是"渐变"还是"卒（猝）化"，其实都体现了万物生生不息、永远演进的规律。"综核始终，大存缓密，革新变旧，有约有繁"。（《南齐书·文学列传·祖冲之》）这是南朝杰出的科学家祖冲之关于历法演进的分析，但是我们如果用来比况政治史和社会史的演进，或许也是适宜的。考察政治史和社会史的"始终"，较为"缓"、较为"约"的种种"革新变旧"的努力，无疑也是我们在总结变法改革的历史时不可忽视的。而这种较为平和的策略的实际效果，其实有时是并不亚于一些以"变法"为口号的大张旗鼓的激进的改革运动的。例如，战国时期的变法，有著名的吴起变法、商鞅变法等。但是各国的政治形式，几乎都在同步地发展变化，公族权势的削弱，地方行政的控制，中央集权的实施，贤能之士的引入等等，以及财政制度、军事制度，都分别各有改革，只是存在"渐变"与"卒（猝）化"的区别而已。

（3）在有的历史时期，某些改革看起来似乎并没有直接触动政治体制的主体，而只限于在社会生活的某些局部领域发生效用。例如，《礼记·大传》写道："立权度量，考文章，改正朔，易服色，殊徽号，异器械，别衣服，此其所得与民变革者也。"衡制、文风、历法、衣色、徽识、器用、服饰，都因时而"变革"，这些变革，会影响民风民俗，有时也会影响社会文化的各个层面。对个别制度政策以及文化风俗的一些变易，看似琐细，其实有时也会触动文化的深层，因而实质上也往往具有变法改革的意义。例如，赵武灵王"胡服骑射"，就是从服用形式的改革开始，进而至于作战方式的改革和军事制度的改革，又全面影响了政治历史的方向和民族文化的方向的。

我们考察中国历代变法史，不能不考虑到上述情形。也就是说，变法，是复杂的历史现象。要进行认真的总结，应当有全面的历史眼光。

回顾和分析历史上变法改革的经验和教训，有益于认识现今改革事业的重要意义和正确道路。

正如鲁迅曾经说过的，"我们看历史，能够据过去以推知未来"，（《华盖集·答KS君》）"读史，就愈可以觉悟中国改革之不可缓了"。（《华盖集·这个和那个》）

5

変法史话

 2 "革正法度"的意义

中国历史上有许多关于所谓"圣政"、"德政"、"仁政"、"善政"、"美政"、"治政"、"理政"、"惠政"的记载，每一部传统史书中，都可以看到对这种政治成功的赞颂声。其实，在中国传统政治的框架中，要说推进社会文化进步的实际效力，勇敢的有成效的变法改革，要超过一切这类在固有的旧体制下谨慎小心的政治经营。

《三国志·魏书·夏侯玄传》记载，司马昭问夏侯玄"以时事"，后者就置官和服制提出了一些改革的建议。司马昭肯定了他的意见的合理性，然而又说，"审官择人，除重官，改服制，皆大善"，可是许多问题"中间一相承习，卒不能改"，并不是一下子改得过来的，"昔贾谊亦患服制，汉文虽身服弋绨，犹不能使上下如意"。你提的这些建议，恐怕还有待于今后贤能君臣解决，"当待贤能然后了耳"。他对于汉代贤君所谓"汉文虽身服弋绨，犹不能使上下如意"的评价，值得我们注意。夏侯玄也说道，"汉文虽身衣弋绨，而不革正法度"，于是当时多有有待革除的弊政，"由是观之，似指立在身之名，非笃齐治制之意也"。汉文帝这位历史上著名的讲究节俭的皇帝，却无意于致力变法改革，个人虽然享有盛名，政治却没有革新。夏侯玄期望司马昭用意于"革正法度"，"当宜改之时，留殷勤之意"。他鼓励司马昭，说您当今"命世作宰，追踪上

6

古，将隆至治"，是可以"抑末正本"的，如果新的规定"制定于上"，则自然可以"化行于众"。"令发之日，下之应也犹响寻声耳"，不必有"待贤能"的想法。

汉文帝时代的政治是否根本没有"革正法度"即改革的成分，可以另作分析。但是这种对汉文帝较注重于"立在身之名"，而"非笃齐治制之意"的与传统见解有所不同的认识，其实是值得重视的。应当说，历代专制主义王朝的当政者们种种"勤政"、"廉政"的表演，事实上都不能抵过"当宜改之时""革正法度"的努力。

中国历史上发生过许多次变法改革。这些变法改革，无论成功还是失败，在中国历史，特别是中国政治史中，都留下了深刻的印迹。

人们一般所理解的中国历史上的变法改革，或表现为政权形式的更新，或表现为政策风格的变换，或表现为政治关系的调整，所以往往只是政治改革。其实，改革有时虽然明显表现为政治形式的演进，但是其深刻的历史影响，却并不仅仅局限在政治领域之中。改革力量有时首先把握政治权力以镇伏反改革的逆流，廓清反改革的异说，奠定改革成功的基础，有时首先变革政治制度以打开突破口，但是改革运动的实际作用却往往波及社会生活的各个方面。

变法改革，常常能够使沉闷的社会气氛在一个时期活跃起来，使冷寂的文化生活在一个时期热烈起来，使萧条的产业机制在一个时期繁荣起来，使缓滞的历史节奏在一个时期生动起来。

历史上的变法运动，体现出积极进取、革故鼎新的方向。这是我们民族文化千万年不曾中绝，而且持续多有创造发明的保证。历史上变法运动的主持者所表现的万难不屈、百折不回的坚定心志，闪耀着我们民族精神千万年不可磨灭的光辉。

如果没有变法改革，就难以实现文明历史的进步，也难以实现文化精神的升华。

其实，我们还应当从另一个角度观察历史的总体趋势。

我们看到，千百年来，否定改革、诋毁改革、压抑改革、扑灭改革的力量，长久地在历史舞台上表演着主角。变法改革的历史辉煌虽然一时光彩炫目，往往影响有限。有时甚至如流星一闪而过，随后仍然回复到黑寂的永夜。

中国历史所以长期停滞的原因之一，可能正是因为变法改革的密度和力度，长期都不足以摧灭反改革的社会势力。

这也是我们今天研究变法的历史，说明变法的历史的目的之一。

 "圣人""变法"

宋代思想家张载在《横渠易说》卷三《系辞上》中解释"神农氏没，黄帝尧舜氏作，通其变，使民不倦，神而化之，使民宜之"这段话，说道："鸿荒之世，食足而用未备。尧舜而下通其变而教之也，神而化之，使不知所以然，运之无形，以通其变，不显革之，使民宜之也。"他说，自先古圣王执政教民，就以"通其变"而取得成功。

张载又说："立法须是过人者乃能之。若常人安能立法？凡变法须是通，通其变，使民不倦。岂有圣人变法而不通也？"理解张载的这番话，应当注意到他提出的"圣人变法"的概念，这种对古来"变法"的肯定，是符合历史真实的。

我们还应当注意到张载将"立法"与"变法"并说的情形，以及他强调的"若常人安能立法"的意思。其实，"立法"也是"变法"，"立新法"当然是"变法"的题中之义。

"圣人""变法""立法"，推动着历史前进，书写了历史最光彩、最明朗的页面。

一　吴起变法

　　战国时期，中国进入思想文化创造最为集中的阶段，与以"百家争鸣"为标志的思想自由和文化丰收同时，社会结构发生了重要的变化。另一个重要的历史现象，是列国相继推行强国政策，力求在竞争中取胜。改革原有制度，推行新法，以适应新的时代要求，成为有见识的执政者共同的政治主张。杨宽《战国史》有"战国前期各诸侯国的变法改革"一章，列述"魏国李悝的变法"、"赵国公仲连的改革"、"楚国吴起的变法"、"韩国申不害的改革"、"齐国邹忌的改革"、"秦国卫鞅的变法"。（《战国史》，上海人民出版社，1998，第 188～212 页）

　　吴起在楚国主持变法，是战国变法史中引人注目的一例。

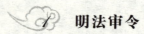 **明法审令**

　　吴起是卫国人，曾经在鲁国、魏国有过政治军事实践。后来来到楚国，受到楚王的信用，在楚国推行

变法，取得了明显的成功。

司马迁在《史记·孙子吴起列传》中对于吴起主持的楚国变法，只有简略的记述。司马迁写道："楚悼王素闻起贤，至则相楚。明法审令，捐不急之官，废公族疏远者，以抚养战斗之士。要在强兵，破驰说之言从横者。"楚悼王久已知道吴起的见识和能力，在他到达楚国之后任以为相，成为高级政务主持。所谓"明法审令"，应当是吴起主持的变法的最主要最核心的内容，即调整法令，申明法令，严格依法行政。

图一　吴起像

所谓"捐不急之官，废公族疏远者"，即改革官制，精简机构，裁撤冗员，同时削弱贵族影响国政的势力，王族疏远支属的待遇水准也有所降低。整顿吏治的内容，包括"使私不害公，谗不蔽忠，言不取苟合，行不取苟容，行义不顾毁誉"，（《战国策·秦策三》载范雎语）以及所谓"塞私门之请，一楚国之俗"。（《战国策·秦策三》载蔡泽语）打击旧贵族的政策，有"贵人往实广虚之地"，（《吕氏春秋·贵卒》）迫使旧贵族迁徙到地广人稀之地。

吴起变法的要点，是"损其有余而继其不足"，（《说苑·指武》）即调整社会阶级关系，实现比较合理的社会关系。

用节省下来的资财养兵，也就是"以抚养战斗之士"。种种行政努力最基本的追求就是"强兵"，就是加强楚国的军事实力，以利于在列强兼并、武力竞争的环境中取得优势地位。

与许多变法领袖的做法同样，吴起也主张舆论一律，坚持在思想文化方面的简洁单一。所谓"破驰说之言从横者"，据《战国策·秦策三》载蔡泽语，即"破横散从，使驰说之士无所开其口"，也就是禁止以"纵横"之学等言论干扰行政方向。我们可以推想，其他各种学说，当时在楚国很可能也压缩了发展和活跃的空间。

吴起的变法措施很快就取得了成效。不久楚国就以超级强国的姿态出现在国际政治舞台上，"于是南平百越，北并陈、蔡，却三晋，西伐秦。诸侯患楚之强"。向南方扩张，征服了百越，在北方兼并了陈国和蔡国，抗击三晋，又西进伐秦。楚国之崛起，对诸国形成了威胁。

吴起变法，作为战国史中比较早的成功的变法，记录于史册。

《荀子·王霸》说春秋形势有中原以外边缘地方崛起的现象："虽在僻陋之国，威动天下，五伯是也。"而楚国就是有"问鼎"中原意图的南方大国，"故齐桓、晋文、楚庄、吴阖闾、越句践，是皆僻陋之国也，威动天下，强殆中国"。而后又在战国时期迅速强大，考察东周历史，必然会注意到楚的发展这一突出的现象。正如李学勤先生所指出的，"楚文化的扩展，是东周时代的一件大事。春秋时期，楚人北上问鼎中原，楚文化也向北延伸。到了战国之世，楚文化先是向南大大发展，随后由于楚国政治中心的东移，又向东扩张，进入长江下游以至今山东省境。说楚文化影响所及达到半个中国，并非夸张之词"。"楚文化对汉代文化的酝酿形成有过重大的影响"，（《东周与秦代文明》，文物出版社，1984，第 11～12 页）也是我们熟悉的历史事实。回顾楚史和楚文化的发展历程，不能忽略吴起变法的积极作用。

廉平，尽能得士心

与战国时期另一位著名的变法领袖商鞅同时也是军事家一样，吴起起初也是以名将形象出现在历史舞台的。《史记·秦始皇本纪》和《陈涉世家》中两度出现贾谊分析秦史的文字，说到秦崛起时，敌方"六国之士"中吴起的地位，如《陈涉世家》写道："吴起、孙膑、带他、儿良、王廖、田忌、廉颇、赵奢之伦制其兵，尝以什倍之地、百万之师，仰关而攻秦。"六国名将，吴起名列第一。《汉书·艺文志》有"《吴起》四十八篇"，应是吴起军事学经验的总结。吴起用兵，胜绩频繁，战胜过齐军、秦军、百越军、三晋军、陈军、蔡军。"（魏）文侯以吴起善用兵，廉平，尽能得士心，乃以为西河守，以拒秦、韩"。当时吴起曾自称"将三军，使士卒乐死，敌国不敢谋"，"守西河而秦兵不敢东乡，韩赵宾从"。

关于吴起"廉平"，史家是有不同意见的。《史记·孙子吴起列传》说，离开鲁国之后，"吴起于是闻魏文侯贤，欲事之"。听说魏文侯贤良有为，准备为他服务。魏文侯咨询李克，问吴起之为人："吴起何如人哉？"李克回答说：吴起这个人"贪而好色"，不过，要论用兵之术，著名兵家司马穰苴也不能超过他。"于是魏文侯以为将，击秦，拔五城"。据司马贞《史记索隐》，王劭说："此李克言吴起贪。下文云'魏文侯知起廉，尽能得士心'，又公叔之仆称起'为人节廉'，岂前贪而后廉，何言之相反也？"司马贞说："李克言起贪者，起本家累千金，破产求仕，非实贪也；盖言贪者，是贪荣名耳，故母死不赴，杀妻将鲁是也。或者起未委质于魏，犹有贪迹，及其见用，则尽廉能，亦何异乎陈平之为人也。"所谓"盖言贪者，是贪荣名耳"的说法，是可以成立的。可能与陈平"受金"行为确实不同。对于吴起"尽能得士心"，吴起本人也有"使士卒乐死"的自信，然而司马迁在《史记·孙子吴起列传》中给我们提供的具体事实是这样的，"起之为

14

将，与士卒最下者同衣食。卧不设席，行不骑乘，亲裹赢粮，与士卒分劳苦。卒有病疽者，起为吮之。卒母闻而哭之。人曰：'子卒也，而将军自吮其疽，何哭为？'母曰：'非然也。往年吴公吮其父，其父战不旋踵，遂死于敌。吴公今又吮其子，妾不知其死所矣。是以哭之。'"士兵病疽为吮之的做法，使卒母回忆起"吴公吮其父"使得"其父战不旋踵，遂死于敌"的情形，我们也由此可以知道吴起之所以"使士卒乐死"的方式。

 ## 在德不在险

在中国古代，"德"，其实是一个经常显得内涵比较宽泛，界面比较模糊的概念，然而长期被看做传统文化体系的主要原则。

在楚国主持变法的吴起，起先曾经在魏国任职。有不少讨论变法史的论著将魏文侯执政时推行强国新政的政治实践总结为"魏文侯改革"。有学者说："战国的变法运动自魏国开始，之后相继在各国轰轰烈烈地展开。"（杨秋梅：《魏国率先变法原因探析》，《史学集刊》2011年第2期）《史记·孟子荀卿列传》说："魏有李悝尽地力之教。"张守节《正义》："《艺文志》：《李子》三十二篇。李悝相魏文侯，富国强兵。"《汉书·食货志上》记载，魏文侯"谨观岁有上中下孰"即收成的差异，推行"平籴"政策，"行之魏国，国以富强"。《晋书·刑法志》说，李悝撰《法经》。

看来，魏文侯确实在魏国进行了变法的准备和变法的尝试。有学者评价魏文侯改革时指出，李悝、吴起、西门豹等，都是"魏文侯推行社会改革的中坚人物"（黄中业：《战国变法运动》，吉林大学出版社，1990，第22页）。吴起在魏国的从政经验，应当有益于他在楚国推行变法。《韩非子·内储说上》记述了这样的故事："吴起为魏武侯西河之守，秦有小亭临境，吴起欲攻之。不去，则甚害田者；去之，则不足以征甲兵。于是乃倚一车辕于北门之外而令之曰：'有能徙此南门之外者赐之上田上宅。'人莫之徙也，及有徙之者，还，赐之如令。"随后又有类似的举动。"俄又置一石赤菽东门之外而令之曰：'有能徙此于西门之外者赐之如初。'人争徙之。乃下令曰：'明日且攻亭，有能先登者，仕之国大夫，赐之上田宅。'人争趋之，于是攻亭一朝而拔之。"《吕氏春秋·慎小》也讲了这样的故事，并且指出，吴起的动机，是"欲谕其信于民"，其结果，果然"自是之后，民信吴起之赏罚"。《吕氏春秋》评价道："赏罚信乎民，何事而不成？岂独兵乎！"宋代学者王应麟指出，后来商鞅"徙木立信"，继承了吴起的策略："商鞅入秦在吴起死后二十一年，徙木予金，其祖吴起之遗智欤！"（《困学纪闻》卷一〇）洪迈也说："予谓鞅本魏人，其徙木示信，盖以效起，而起之事不传。"（《容斋随笔》四笔卷六"徙木偾表"）吴起仕魏时的某些政令，成为后来在历史上影响深远的商鞅变法的先声。

据《史记·孙子吴起列传》记载，吴起在魏国时，曾经任西河郡守。他和魏武侯交谈，曾经有关于执政以"德"的著名论说。这就是所谓"在德不在险"。

一次，吴起随魏武侯浮于西河，泛流而下。魏武侯看到山峡之间的雄壮山河，对吴起感叹道："美哉乎山河之固，此魏国之宝也！"吴却回答道：国家的安危，政治的成败，其实"在德不在险"。过去三苗氏的居地，左有洞庭，右有彭蠡，因为"德义不修"，于是被夏禹所灭。夏桀的居地，左有河济，右有泰华，伊阙之险在其南，羊肠之险在其北，因为"修政不仁"，被商汤放逐。殷纣的居地，左有孟门，右有太行，常山在其北，大河经其南，因为"修政不德"，被周武王所杀。由此看来，"在德不在险"，政事的成功和政权的稳固，在于是不是修养德行，推行德政，而并不在于是不是据有山川之险。如果君主您不"修德"，那么，现在舟中的人都将是您的敌人。

吴起的这段话，成为对"德政"的著名论述。"在德不在险"，其实是非常高明的政治见识。也许"楚悼王素闻起贤，至则相楚"，就是发现了吴起这方面的政治素质。

4　死后留权

吴起在楚国主持变法，"废公族疏远者，以抚养战斗之士"，又曾经"令贵人往实广虚之地"，损害了楚国旧贵族的利益。一时"贵人贵臣"（《吕氏春秋·贵卒》高诱注）"皆甚苦之"。（《吕氏春秋·贵卒》）楚国虽然得以强大，但是激起了旧贵族势力的仇恨。

在吴起的支持者楚悼王去世之后，"宗室大臣作乱而攻吴起"。

吴起自知不能逃生，于是跑到楚悼王停尸的处所，伏身于王尸上，攻击吴起的人们射刺吴起，同时并中楚悼王的尸身。楚悼王安葬后，太子即位，立即派令尹立案，将当时射杀吴起同时伤害了王尸的人全部处死，因为这一罪责同时被处死家族被夷灭的，一共竟有70余家。

《史记·孙子吴起列传》后附《索隐述赞》就吴起事迹有这样的评论："吴起相魏，西河称贤；惨礉事楚，死后留权。"所谓"惨礉事楚"，"惨礉"，见于《史记·老子韩非列传》司马迁对于韩非发家学说"引绳墨，切事情，明是非，其极惨礉少恩"的评价。裴骃《集解》："用法惨急而鞠礉深刻。"司马贞《索隐》："按：谓用法惨急而鞠礉深刻也。"都指出吴起执政风格的激进严酷。所谓"死后留权"，就是说吴起以特别的机智，使得"死后"仍令杀害自己的人受到惩罚，同时也为捍卫变法的成果削弱了政敌，为进一步继续推行新法清除了障碍。

但是，吴起悲壮的生命结局，在历代改革的史册上留下的血迹却永久不能磨灭。

对于吴起因变法遭到守旧贵族嫉恨而被杀害的悲剧结局，司马迁曾经评论说："吴起说武侯以形势不如德，然行之于楚，以刻暴少恩亡其躯。悲夫！"所谓"行之于楚"，"刻暴少恩"与"说武侯以形势不如德"

形成对照，(《史记·孙子吴起列传》)大约这位伟大的政治史学者评价"德"的视点，主要还在于执政能否宽容。

所谓"以刻暴少恩亡其躯"，可以看作对吴起之死从策略风格方面进行分析的意见，而《史记·太史公自序》关于《孙子吴起列传》所谓"内可以治身，外可以应变，君子比德焉"，似乎又可以看作从道德水准方面进行分析的意见。而战国时期著名的政治活动家、曾经主持秦国政务的范雎，却发表过富有积极意义的见解。他说，吴起事奉楚悼王，使私家不得害公，谗言不得蔽忠，坚持推进改革的原则，"言不取苟合，行不取苟容"，勇敢地面对反对势力，"不为危易行，行义不辟难"，为了变法的成功，国家的强盛，可以"不辞祸凶"。范雎说，这样的品格，这样的情操，"固义之至也，忠之节也"。他又言辞慷慨地肯定了这种精神的典范意义和感召力量："是故君子以义死难，视死如归；生辱不如死而荣。士固有杀身以成名，唯义之所在，虽死而无恨。"(《史记·范雎蔡泽列传》)《战国策·秦策三》也记述了这一段话，然而后一句写道："故君子杀身以成名，义之所在，身虽死，无憾悔。"君子牺牲个人生命，而在历史上留下英名，只要是为了正义的事业，虽然一人献身，却绝无遗憾，绝不悔恨。

"猜忍"与"刻暴"

吴起，其实是一位历史上争议颇多的人物。

关于吴起的个人品性，司马迁笔下通过他辗转行历卫、鲁、魏、楚的事迹，也有所介绍。

《史记·孙子吴起列传》中写道："吴起者，卫人也，好用兵。尝学于曾子，事鲁君。齐人攻鲁，鲁欲将吴起，吴起取齐女为妻，而鲁疑之。吴起于是欲就名，遂杀其妻，以明不与齐也。鲁卒以为将。将而攻齐，大破之。"杀妻以求将的行为，表现出追逐政治权力而不惜牺牲亲情、灭绝人性的心理特点。

吴起后来不得不离开鲁国政坛，因为鲁人对于他的道德品行多有非议。当时"鲁人"有对吴起的为人提出批评的："起之为人，猜忍人也。其少时，家累千金，游仕不遂，遂破其家，乡党笑之，吴起杀其谤己者三十余人，而东出卫郭门。与其母诀，啮臂而盟曰：'起不为卿相，不复入卫。'遂事曾子。居顷之，其母死，起终不归。曾子薄之，而与起绝。起乃之鲁，学兵法以事鲁君。鲁君疑之，起杀妻以求将。夫鲁小国，而有战胜之名，则诸侯图鲁矣。且鲁卫兄弟之国也，而君用起，则是弃卫。"发表这种意见的人，揭露吴起曾经杀害"乡党""谤己者三十余人"，又"其母死"，"终不归"，也是不符合鲁国地方的道德传统的。又"杀妻以求将"，尤其表现出"忍"的个性。而且鲁国和卫国是兄弟之国，如果任用吴起，则会得罪卫国的。鲁君因此内心动摇，最终辞退了吴起。鲁人对吴起的批评"起之为人，猜忍人也"，《资治通鉴》卷一写作"起残忍薄行人也"。

对于"鲁人"非议吴起的话，司马迁的记录是

"鲁人或恶吴起曰"，《资治通鉴》卷一的说法是"或谮之鲁侯曰"。其中指责，也许并不完全属实，比如"其少时，家累千金，游仕不遂，遂破其家，乡党笑之，吴起杀其谤己者三十余人"的情节就颇有可疑之处。《资治通鉴》卷一就删除了这句话。不过"起杀妻以求将"的事迹，司马迁看来是相信的。这一行径，已经充分透露了吴起的"忍"或者说"残忍"。后人称之为"杀妻自信"（《册府元龟》卷六七《帝王部·求贤》）的行为长期受到指斥，如宋明人诗句"吴起为鲁将，杀妻殊不仁"（〔宋〕于石：《紫岩诗选》卷一《五言古诗·感兴》），"亦有薄行士，杀妻求将军"（〔明〕胡俨：《颐庵文选》卷下《古诗·述古》）等等，都是直接的严厉批判。宋人邹浩所谓"杀妻吴起终遭逐"，（《道乡集》卷六《诗·班超》）似说吴起作出了"杀妻"这样重大的道德牺牲，却并没有使权位稳固，是从另一个角度的批评。

对于吴起的个性，时人"猜忍人也"的批评，说他多疑而狠毒。"忍"的性格特征，包含有残忍的涵义。大约这种个性，也表现出激烈强亢的特点。司马迁在《史记·孙子吴起列传》中评论吴起的性格，说他"刻暴少恩"。可能正是以这样的个性风格推进楚国的变法，才得以迅速取得成效的。但是，可能也正是因为执政风格的异常激进，使得变法运动的主持者不久就走向个人生命的悲剧终结。

对于吴起"杀妻求将"的行为，有人做过这样的解释："昔吴起故杀妻求大将，史氏且录功恕罪。盖军

一
吴起变法

法与国法不同故也。"(〔宋〕阳枋：《字溪集》卷二《书·与南畴王使君论时政书》)"军法与国法不同"的理解，可能是没有什么说服力的。明人彭大翼《山堂肆考》卷七〇《臣职·总将帅上》将"吴起杀妻"与"不欲治第"、"岂敢言家"、"济河焚舟"、"渡江击楫"并列，对于史上著名"将帅"，看来也是将"杀妻"作为正面事迹记述的："卫人吴起仕于鲁，齐人伐鲁，鲁欲以为将。起娶齐女，鲁人疑之，起遂杀妻以求将，大破齐师。"

对于吴起处世风格的阴暗一面，有人在评论其历史形象时予以忽略。如明代诗人胡奎《吴起》诗："吴起好用兵，尝学曾子法。东出卫郭门，啮臂与母诀。鲁君不见用，杀妻与齐绝。将军自吮疽，士卒甘喋血。击秦拔五城，魏侯尚功烈。在德不在险，舟中尽吴越。孰云猜忌人，千载名不灭。"(《斗南老人集》卷一《古选》)有人却以为仅根据吴起"杀妻"等"人伦"方面的缺失，就可以全面否定其历史表现。比如明代学者张宁就曾经说："起母死不奔丧，杀妻以求将，无人伦矣！岂有无人伦之人而能尽忠于君，以爱其下者乎？彼问劳吮疽，皆诡术也。卒之自鲁奔魏，自魏奔楚而见杀，宜哉。大抵悖义就时之人，虽有所成，终难倚重，由其所厚者薄也。"(《方洲集》卷二〇《读史录》)

元人戴表元《读吴起传》则写道："世儒言吴起，未有不艴然异之也。尝读其传而得其为人，盖魏公子所谓'节廉而自喜名'者，起之实录也。当战国时，士之道先王而守礼义者，鲜矣。鲁俗犹为后衰。而起也及事曾子，曾子以孝闻。鲁而议起者曰：起之学于其门也，啮母而诀，杀妻而求将。世有学于曾子而啮母杀妻者乎？若其答魏文侯舟中之问，与夫逊田文辞，尚主趣舍进退，从容可观。则犹曾子之教，尔学不胜质，溺于技勇，后人循迹而议，置其轻者，推其重者，名之为薄。夫君子恶居下流，其是之谓哉？"（《剡源文集》卷二二《史论》）他认为吴起从学于曾子，他的"在德不在险"等开明见解和明智言论，"从容可观"。而"杀妻而求将"事，确实与"学于曾子"情形形成了太鲜明的矛盾。"后人""名之为薄"者，或许在于吴起重于"技勇"，而忽略了"曾子之教"的真质。吴起品德才能之"轻"与"重"，应当公正评价才是。

《汉书·艺文志》著录"《吴起》四十八篇"，应当是吴起著作。《宋史·艺文志》"兵书类"中则有"校定《吴子》二卷"，明人董斯张撰《吴兴备志》卷二二《经籍征》也说到这部书，应是后人托名之作。明代学者宋濂说其书分六篇："《吴子》二卷，卫人吴起撰。起尝学于曾子。其著书曰《图国》、《料敌》、《治兵》、《论将》、《应变》、《励士》凡六篇。"对于吴起的思想，宋濂有这样的分析："夫干戈相寻，至于战国，惨矣。往往以智术诈谲驰骋于利害之场，无所不用其至。若无士矣。起于斯时，对魏武侯则曰'在德不在险'；论制国治军，则曰'教之以礼，励之以义'；论天下战国，则曰'五胜者祸，四胜者弊，三胜者霸，二胜者王，一胜者帝，数胜得天下者稀，以亡者众'；论为将之道，则曰'所慎者五：一曰理，二曰备，三曰果，四曰戒，五曰约'。何起之异夫诸子也！此所以守西河，与诸侯大战七十六，全胜六十四，辟土四面，拓地千里，宜也。较之孙武，则起几于正，武一乎奇，其优劣判矣。或者谓起为武之亚，抑亦未之思欤。然则杀妻求将，啮臂盟母，亦在所取乎？曰：姑舍是。"（《文宪集》卷二七《杂著》）宋濂认为，在战国时期"往往以智术诈谲驰骋于利害之场，无所不用其至"，真正的"士"已经不复存在即所谓"若无士矣"的形势下，吴起的军事思想却完备深沉，他能够取得军事成就，这是自然的。吴起的军事学理论，甚至超越孙武。至于"杀妻求将"等行为，却不足取。

二 商君的历史贡献

　　商鞅，是中国历史上著名的改革家。商鞅原为卫国贵族，姓公孙，于是又称卫鞅或公孙鞅。商鞅在世的时代，是战国争胜，列强竞雄的时代。当时，农业生产力因铁制工具和牛耕技术的普及出现飞跃性的进步，新的社会生产关系已经全面影响社会政治生活。于是各国相继变法，以求富国强兵，在兼并战争中占据优势。秦孝公时代商鞅主持的变法，使秦国国力显著上升，此后终于以强大的军事力量为基础，通过战争形式，一一翦灭六国，建立了第一个高度集权的专制主义帝国——秦王朝，实现了"大一统"的政治局面。商鞅变法是促使秦国迅速崛起的重要的政治转折，也被看做改革成功的实例。所谓"秦用商君，富国强兵"，（《史记·孟子荀卿列传》）为后来高度集权的专制主义政治体制的形成奠定了历史基础。

　　商鞅制定的新法除了奖励耕战而外，又有更具实效的通过什伍连坐制度将民众组织在政治网络中的内容，并且以法令形式强制削杀宗室贵族的政治权力，"有功者显荣，无功者虽富无所芬华"。据说正是由于打击旧势力之严厉，"商君相秦十年，宗室贵戚多怨望者"。在强有力的支持者秦孝公去世后，新君即位，商鞅不久竟惨遭车裂之刑。然而正如《韩非子·定法》所说，商君虽死，"秦法未败也"。

治世不一道，便国不法古

　　商鞅年轻时好刑名之学，起初在魏相公叔痤属下任职。公叔痤临终前，将商鞅推荐给魏惠王，建议道："愿王举国而听之。"魏惠王默然不语。公叔痤又说，如果不用此人，一定要杀掉他，无令出境。事后公叔痤召见商鞅表示歉意，劝他迅速逃走，以免被害。商鞅则以镇定的态度说：王既然不能用君之言任臣，又安能用君之言杀臣乎？决意并不逃离。

　　建国于春秋初期的秦国在秦穆公时期曾经雄踞西方，然而战国初期内乱频繁，国势渐弱。秦献公即位后，有志强国，施行了一些新的政策，使秦国在对外战争中取得了几次胜利。公元前362年，秦献公去世。次年，秦孝公即位。这位年轻有为的君主决心实行彻底的改革，振兴秦国，争雄天下。他效法秦穆公任用贤才，改良政治，终于使国家强盛的榜样，颁布《求贤令》，诚恳地宣布："宾客群臣有能出奇计强秦者，吾且尊官，与之分土。"（《史记·秦本纪》）表示如果有人能够帮助决策使秦国强大，则给予高贵的政治地位，并分封土地。

　　商鞅听说秦孝公下令求贤，确实有发愤图强之志，于是离魏去秦，向秦孝公阐述变法强国之术。秦孝公大喜，准备任用商鞅主持改革。

为了消除秦孝公的疑虑，商鞅说："疑行无名，疑事无功。且夫有高人之行者，固见非于世；有独知之虑者，必见敖于民。愚者暗于成事，知者见于未萌。民不可与虑始而可与乐成。论至德者不和于俗，成大功者不谋于众。是以圣人苟可以强国，不法其故；苟可以利民，不循其礼。"劝秦孝公消除疑虑，坚定改革的决心和信心，并且响亮地提出了只要可以"强国""利民"，则应当"不法其故"，"不循其礼"，即勇敢破除旧制度、旧观念的束缚的主张。秦孝公对商鞅的意见表示赞同，然而反对派大臣甘龙、杜挚等则坚持"智者不变法而治"，"法古无过，循礼无邪"等保守观念，公开对变法表示反对，又发起了一场关于改革的合法性和合理性的政治辩论。

甘龙说："不然。圣人不易民而教，知者不变法而治。因民而教，不劳而成功；缘法而治者，吏习而民安之。"商鞅反驳道，甘龙所说的，只是世俗之言，而毫无政治的远见卓识。"常人安于故俗，学者溺于所闻。以此两者居官守法可也，非所与论于法之外也。"他明确指出："三代不同礼而王，五伯不同法而霸。"又说，"智者"和"贤者""作法"、"更礼"，而将"法"和"礼"看作百世不易的教条，甘愿受其拘制的，则是"愚者"和"不肖者"。

杜挚说："利不百，不变法；功不十，不易器。法古无过，循礼无邪。"以为坚持遵循古来的礼制，就不会出现政治过失。商鞅又驳斥道:"治世不一道,便国不法古。故汤武不循古而王,夏殷不易礼而亡。反古者不可非,而循礼者不足多。"指出治国之道,随时运而变更,要谋求政治成功,"法古"、"循古"是不足取的。

商鞅的主张得到秦孝公的肯定,于是,"以卫鞅为左庶长,卒定变法之令"。(《史记·商君列传》)

商鞅能令政必行

在中国古代,"变法",通常被用作表述较彻底的政治改革的语汇。

记录商鞅的理论与实践的《商君书》一书中,较早出现"变法"一语。其中第一篇,篇名称作《更法》,"更法"也就是"变法"。这篇文字,是商鞅和另外两名秦国的大臣甘龙、杜挚关于是否应当实行"变法"的争论的较原始的记录。商鞅的言论,实质上可以看作义正辞严的改革宣言。

《商君书·更法》开头就说到,秦孝公期望"变法"、"更礼"以实现改革,"今吾欲变法以治,更礼以教百姓"。商鞅和甘龙、杜挚在廷前争论,前者坚持改革,劝秦孝公"亟定变法之虑",后者反对改革,以为"知者不变法而治"。双方都使用了"变法"这一语汇。

司马迁在记述商鞅变法时,除了前面引录的《史记·商君列传》中所谓"(商)鞅欲变法",以及甘龙坚持"知者不变法而治",杜挚也说"利不百,不变法",而秦孝公力排众议,任命商鞅为左庶长,于是"定变法之令"而外,《史记·秦本纪》也写道:"(秦孝公)三年,卫鞅说孝公变法修刑,内务耕稼,外劝战死之赏罚,孝公善之。"说商鞅建议秦孝公"变法",推行对内重视农耕,对外奖励战伐的政策,得到秦孝公的赞许。

中国传统政治道德中,有一项重要的原则,那就是"信"。

商鞅受秦孝公信用,在秦国主持变法,变法之令制定后尚未公布,恐民众不信,于是有著名的"徙木立信"的故事。《史记·商君列传》写道:"令既具,未布,恐民之不信,已乃立三丈之木于国都市南门,募民有能徙置北门者予十金。民怪之,莫敢徙。复曰'能徙者予五十金'。有一人徙之,辄予五十金,以明不欺。卒下令。"商鞅以如实兑现徙木予金的承诺"以明不欺",表明法令的严肃性。

宋代改革家王安石曾经赋诗《商鞅》称赞商鞅的政治风格:"自古驱民在信诚,一言为重百金轻。今人未可非商鞅,商鞅能令政必行。"司马光在《资治通鉴》卷二也曾经就此评论说:"夫'信'者,人君之大宝也。国保于民,民保于信;非信无以使民,非民无以守国。是故古之王者不欺四海,霸者不欺四邻,善为国者不欺其民,善为家者不欺其亲。不善者反之……上不信下,下不信上,上下离心,以至于败。"他指出,"信"而"不欺",是为政的根本之一。司马光列举古来杰出的君王守"信"以成大业的实例，其中就包括"秦孝公不废徙木之赏"。他又说："商君尤称刻薄，又处战攻之世，天下趋于诈力，犹且不敢忘'信'以蓄其民，况为四海治平之政者哉！"

《史记·秦本纪》说，商鞅推行新法，"法不行，太子犯禁"。商鞅说，法令不能推行，正是贵戚们在阻碍，"必欲行法，先于太子"。而太子作为未来的国君，不便行黥刑，也就是直接在脸上刺字，于是"黥其傅师"，自此"法大用，秦人治"。《史记·商君列传》也记载："令行于民期年，秦民之国都言初令之不便者以千数。于是太子犯法。卫鞅曰：'法之不行，自上犯之。'将法太子。太子，君嗣也，不可施刑，刑其傅公子虔，黥其师公孙贾。明日，秦人皆趋令。行之十年，秦民大说，道不拾遗，山无盗贼，家给人足。民勇于公战，怯于私斗，乡邑大治。"太子犯法，对其师傅施以刑罚，致使秦人遵从法令。新法推行十年，社会安定，民间富足，百姓尊重治安秩序。

正是由于商鞅变法实行得坚决彻底，使秦国迅速崛起，走向富强，终于成为第一强国。

商鞅变法最终获得成功，自有时代条件在起作用。朱熹曾经论说春秋时期和战国时期的文字差异，"左氏一部书都是这意思，文章浮艳，更无事实。盖周衰时，自有这一等迂阔人。观《国语》之文，可见周之衰也。某尝读宣王欲籍千亩事，便心烦。及战国时人，却尚事实。观太史公《史记》，可见公子成与赵武灵王争胡服，甘龙与卫鞅争变法，其它如苏、张之辩,莫不皆然。"朱熹指出的,其实是文化的时代风格。他说:"及秦孝公下令,鞅西入秦。然观孝公下令数语,如此气势,乃是吞六国规模。"关于商鞅和秦孝公合力变法的机缘,朱熹又说:"鞅之初见孝公,说以帝道、王道,想见好笑,其实乃是霸道。鞅之如此,所以坚孝公之心。后来迂阔之说,更不能入。"对于商鞅变法得秦孝公支持的因素,其实至为重要,朱熹是这样认识的:"使当时无卫鞅,必须别有人出来。"不过,商鞅自身的资质,也是决定的因素,正如朱熹所说:"观孝公之意,定是不用孟子。"(《朱子语类》卷八三)

 尚力任法

"井田制",是中国古代的一种土地制度。对于"井田"的具体形制,历来有许多不同的解释。一般认为,"井田制"大致可分为8家为井而有公田以及9家为井而无公田两种。"井田制"原始氏族公社土地公有制发展演变而来,既体现出新生的私有制因素,也保留着较多的公有制成分。它的基本特点,是实际耕作者对于土地只有使用权,没有所有权。土地在一定范围内实行定期平均分配。因为对夏、商、周三代的社会性质存在不同的认识,因此对"井田制"的性质的认识也有分歧。但有一点各家的认识是大致相同的,这就是都承认"井田"所联系的社会组织的内部,表现出由公有向私有过渡的特征,都承认"井田"的存在，是以土地一定程度上的公有为前提的。

随着土地私有制的出现和普及，"井田制"开始在新田制的冲击下动摇。春秋时期，晋国"作爰田"，鲁国"初税亩"，都是在事实上承认土地私有制普遍存在的基点上实现的土地制度的改革。商鞅在秦国推行变法，实行"为田，开阡陌"的制度，已经以法令形式全面否定了原有的土地所有关系。大约在这一时期，"井田制"终于彻底瓦解。

四川青川郝家坪战国墓出土秦国木牍书写有《为田律》，具体反映了当时的新田制的内容，可以看作"井田制"确实已经被破坏的文物证明。

除了实行井田制的改革以调动民众的生产积极性以外，商鞅变法还包括如下内容：实行连坐法，即将百姓编入什、伍之内，令其互相监督，一人犯法，同一什、伍之内的人如果不举报，也要承担法律责任，告奸者则有奖赏。规定"民有二男以上不分异者，倍其赋"，用法令形式迫使大家族向个体家庭转化，以增益政府的课税对象。奖励军功而禁私斗，鼓励秦民杀敌立功，有军功者授上爵，为私斗者处以刑罚。重农抑末，努力耕作者免其徭役，怠于种田或因从事手工业及商业而致贫者，罚为奴隶。宗室也以军功论地位待遇，"有功者显荣，无功者虽富无所芬华"。推行县制，并小都、乡、邑为直属于中央的县。统一度量衡，使国家进行经济管理有可靠的标准。

在商鞅主持下，秦国以严厉的政策推进变法，从而取得了伟大的成功。商鞅个人则因在实行改革的政治实践中表现出激进果敢的风格，而受到后来的政论家们倾向低调甚至多所否定的历史评判。

面对秦末暴动的历史，人们"因民之疾秦法"（《史记·萧相国世家》）而产生的认识，有所谓"秦法重"（《史记·张耳陈余列传》）、"秦法至重"（《史记·郦生陆贾列传》）、"秦法酷烈"（《汉书·扬雄传下》）、"秦法酷急"（《史记·秦始皇本纪》张守节《正义》）、"秦法峻急"（《汉书·艺文志》颜师古注引《家语》）等。《盐铁论·刑德》："秦法繁于秋荼，而网密于凝脂。"《史记·酷吏列传》："昔天下之网尝密矣。"司马贞《索隐》："案：《盐铁论》云'秦法密于凝脂'。""秋荼""凝脂"之说，形容了秦法繁密严酷的程度。

秦统一全国后，东方新占领区的政策似乎是失败的。这是导致秦短促而亡的重要原因之一。反秦的"群盗"均出现于东方。当时的关中，并没有发生反秦运动。然而刘邦入关，宣布约法三章时，有"与父老约，法三章耳：杀人者死，伤人及盗抵罪。余悉除去秦法。诸吏人皆案堵如故"的说法（《史记·高祖本纪》）。《史记·淮阴侯列传》载韩信对刘邦语："大王之入武关，秋豪无所害，除秦苛法，与秦民约，法三章耳，秦民无不欲得大王王秦者。"看来，当时"秦民"对"秦苛法"的废除，也是真心拥护的。《汉书·刑法志》称"约法三章"以致"蠲削烦苛，兆民大说"。《汉书·天文志》则说："与秦民约法三章，民亡不归心者。"《三国志·蜀书·诸葛亮传》："昔高祖入关，约法三章，秦民知德。"也说"秦民"对"秦法"的严酷久已反感。

　　《战国策·秦策一》说："商君治秦，法令至行，公平无私，罚不讳强……"于是"兵革大强，诸侯畏惧，然刻深寡恩，特以强服之耳"。秦法压抑民众"以强服之"者，尤其表现在对思想和言论的强权控制。《史记·郦生陆贾列传》："秦法至重也，不可以妄言，妄言者无类。"《汉书·高帝纪上》颜师古注引应劭曰："秦法禁民聚语。"在秦法压抑下，民众没有集会的自由和言论的自由。《汉书·异姓诸侯王表》颜师古注应劭曰："秦法，诽谤者族。"其实是说批评性的政治意见的发表会导致严厉的处罚，全家族都将被处死。这些记录，都指出了秦法对思想言论的高压。由于商鞅的成功，法家思想和主张在秦地得到较为全面的贯彻和落实。而法家崇尚专制与强权的倾向，在政治实践中最初的表现也暴露出严重的弊端。其典型史例就是商鞅的事迹。李约瑟曾经写道："（法家）以编订'法律'为务，并认为自己主要的责任是以封建官僚国家来代替封建体制。他们倡导的极权主义颇近于法西斯……"（李约瑟：《中国科学技术史》第2卷《科学思想史》，何兆武等译，科学出版社、上海古籍出版社，1990，第1页）"法家"和"法西斯"尽管看起来都姓"法"，两者之间的简单类比我们却未必完全同意。但是法家"倡导""极权主义"的特征，却是确定无疑的。

兵为强国之要

商鞅变法的主要目的之一，就是强兵。这是在战国时期兼并战争日益激烈的时代背景下，历史提出的要求。改革的这一效应，得到了战争实践的检验。

秦孝公二十年（前342年），秦国因迅速强盛，受到周天子和诸侯来使的祝贺。第二年，秦伐魏。商鞅用诈谋俘虏魏军统帅公子卬而破其军。魏国割河西地向秦国求和。商鞅以此战功受封商、於（今陕西商州、河南西峡一带）十五邑，号称"商君"。

商鞅变法使秦国成为军事强国，并且为后来完成统一奠定了基础。不过，有关法令政策的消极的历史文化影响，也是不能忽视的。

《韩非子·定法》曾经对秦国"斩一首者爵一级，欲为官者为五十石之官；斩二首者爵二级，欲为官者为百石之官"的"商君之法"提出过这样的批评："令有法曰：'斩首者令为医、匠。'则屋不成而病不已。夫匠者，手巧也；而医者，齐药也。而以斩首之功为之，则不当其能。今治官者，智能也；今斩首者，勇力之所加也。以勇力所加而治智能之官，是以斩首之功为医、匠也。"指出治国其实是主要依靠"智慧"的事业，而单纯以军人战功作为任用官吏的标准，就好比用有"斩首之功"的"勇力"之士来承担医师和工匠才能够承担的工作一样，必然"不当其能"。

韩非于是据此认为，"商君未尽于法也"，商君

"之于法术"，"未尽善也"。

后来实现统一的秦王朝仍然坚持以军人为吏的政策，果然使得各级行政机构都普遍形成极权专制的特点，使统一后不久即应结束的军事管制阶段在实际上无限延长，终于酿成暴政。这一政策特征，也是秦王朝短促而亡的原因之一。

 5 迁都咸阳的意义

《史记·秦本纪》记载："（秦孝公）十二年，作为咸阳，筑冀阙，秦徙都之。"迁都咸阳，是商鞅变法的内容之一。《秦始皇本纪》："孝公享国二十四年。……其十三年，始都咸阳。"《商君列传》也写道："于是以鞅为大良造。……居三年，作为筑冀阙宫庭于咸阳，秦自雍徙都之。"迁都咸阳，是秦史具有重大意义的事件，也形成了秦国兴起的历史过程中的显著转折。

秦的政治中心，随着秦史的发展，呈现由西而东逐步转移的轨迹。

尽管以雍城为都城的秦国的农业水平已经相当高，但是在与东方诸国的竞争中依然处于不利的地位。除了在文化传统和经济积累方面的不足外，雍城的生态地理与经济地理条件与"岐以东"地方相比，也处于劣势。当时的雍城，临近林区和耕地的交界，也临近畜牧区和农业区的交界，与东方长期以农为本的强国比较，"秦僻在雍州"，形成了生态条件和经济背景的强烈反差，于是也成为致使"中国诸侯"不免"夷翟遇之"的因素之一。

在这样的形势下，秦孝公和商鞅为了谋求新的发展，决定迁都咸阳。

迁都咸阳的决策，有将都城从农耕区之边缘转移到农耕区之中心的用意。

《史记·商君列传》记载，商鞅颁布的新法，有这样的内容："僇力本业，耕织致粟帛多者复其身。事末利及怠而贫者，举以为收孥。"扩大农耕的规划，奖励农耕的法令，保护农耕的措施，使得秦国掀起了一个新的农业跃进的高潮。而这一历史变化的策划中心和指挥中心，就设在咸阳。

据《商君书·更法》，商鞅推行新法的第一道政令，就是《垦草令》。其内容现在已经难以确知。我们从《商君书·垦令》中，可能推知其主要内容。《商君书·垦令》提出了20种措施，一一论说，分别指出各条措施对于"垦草"的积极意义，如：① "农不敝而有余日，则草必垦矣。"② "少民学之不休，则草必垦矣。"③ "国安不殆，勉农而不偷，则草必垦矣。"④ "辟淫游惰之民无所于食，无所于食则必农，则草必垦矣。"⑤ "窳惰之农勉疾，商欲农，则草必垦矣。"⑥ "意壹而气不淫，则草必垦矣。"⑦ "农事不伤，农民益农，则草必垦矣。"⑧ "逆旅之民无所于食，则必农，农则草必垦矣。"⑨ "农慢惰倍欲之民无所于食；无所于食则必农，则草必垦矣。"⑩ "上不费粟，民不慢农，则草必垦矣。"⑪ "褊急之民不斗，很刚之民不讼，怠惰之民不游，费资之民不作，巧谀恶心之民无变也；

五民者不生于境内，则草必垦矣。"⑫"农静，诛愚乱农之民欲农，则草必垦矣。"⑬"余子不游事人，则必农，则草必垦矣。"⑭"知农不离其故事，则草必垦矣。"⑮"农民不淫，国粟不劳，则草必垦矣。"⑯"农多日，征不烦，业不败，则草必垦矣。"⑰"农恶商，商疑惰，则草必垦矣。"⑱"农事必胜，则草必垦矣。"⑲"业不败农，则草必垦矣。"⑳"农民不败，则草必垦矣。"

以"垦草"作为新法的首要内容，体现了执政者大力发展农耕业的决心。其基本措施，是全面动员民众务农，严格约束非农业经营，为农业生产的发展提供各种政策保障。有的学者指出，商鞅倡行垦草、徕民，是主要针对关中东部的政策。"关中东部作为秦新占领的地区之一，土地垦殖率相对低于关中西部，有'垦草'之余地；人口密度相对小于三晋诸邻，有'徕民'之空间。"（樊志民：《秦农业历史研究》，三秦出版社，1997，第63页）从这一角度理解商鞅推行《垦草令》的意义，秦定都咸阳所体现的进取意识，可以给人更深刻的印象。

大规模"垦草"促成的田土面积的空前扩大，可能超过了周人的经营范围，使得农产品富足一时，秦国于是成为实力强盛的农业大国。周天子以及东方列国都已经不能再无视这一以成功的农耕经济为基础的政治实体的存在了。

《史记·秦本纪》说，商鞅建议秦孝公"变法修刑，内务耕稼，外劝战死之赏罚"，新法的基本原则，是"内务耕稼"。商鞅变法在促成"耕稼"发展方面的成功，是在定都于咸阳之后取得的。

《史记·项羽本纪》记载："项王乃立章邯为雍王，王咸阳以西，都废丘。""立司马欣为塞王，王咸阳以东至河，都栎阳。"可见咸阳位于关中之中，是两分关中的中界。正如有的学者所指出的，"咸阳位当关中平原的中心地带，恰在沣、渭交会以西的大三角地带。这里有着大片的良田沃土，早为人们所开发利用，是个农产丰富的'奥区'"。（王学理：《咸阳帝都记》，三秦出版社，1999，第41页）咸阳在当时因生态地理与经济地理条件的优越，本身已经成为富足的"天府"，同时又具有能够领导关中地方的地位。

我们看到，商鞅在咸阳推行了 3 项重要的政策，终于使得"天子致伯"，"诸侯毕贺"。

（1）确定并完善县制。（《秦本纪》："并诸小乡聚，集为大县，县一令，四十一县。"《商君列传》："集小乡邑聚为县，置令、丞，凡三十一县。"）

（2）确定并完善田制。（《秦本纪》："为田开阡陌。"《商君列传》："为田开阡陌封疆。"）

（3）确定并完善税制。（《秦本纪》："初为赋。"《商君列传》："赋税平。平斗桶权衡丈尺。"）

落实这些政策之后，秦国与东方传统农耕国家在体制上已经没有差别，在农业经济的管理方面，已经迈进了成熟的阶段。也就是说，秦孝公和商鞅在咸阳领导了一场在秦史上具有重要意义的胜利的经济革命。

《史记·秦始皇本纪》记载："先王庙或在西雍，

或在咸阳。"这就是说，当时不仅秦的政治中心和经济中心转移到了咸阳，国家的礼祀中心，也开始向咸阳转移。

图二　秦咸阳宫一号宫殿复原模型

《史记·封禅书》所谓"灞、浐、长水、沣、涝、泾、渭皆非大川，以近咸阳，尽得比山川祠，而无诸加"，以及"秦以冬十月为岁首，故常以十月上宿郊见，通权火，拜于咸阳之旁"，都说明咸阳在秦神学系统中的重要地位。而所谓"西畤、畦畤，祠如其故，上不亲往"，则暗示西方传统祭祀形式有所变革，其祀所的地位已经有所下降。后来的一些历史事实，如秦人大规模修建郑国渠等水利工程，以及秦始皇"更名河曰德水，以为水德之始"（《史记·秦始皇本纪》）等等，都可以与以咸阳为中心的河川崇拜联系起来分析。

 商鞅与《商君书》的政治文化影响

商鞅在秦孝公的支持下推行变法，使秦国迅速崛起，成为当时最富强的国家之一。但是，在秦孝公去世之后，商鞅的政治境遇立即出现危机。太子驷初立，是为秦惠王。商鞅曾经在推行新法时以刑罚予以惩戒的公子虔等人告商鞅欲反，于是发吏捕商鞅。商鞅出逃不成，回到商邑（今陕西丹凤），在当地组织徒属武装北出击郑。秦发兵攻商君，杀之于彤地。（今陕西华县南）（《史记·六国年表》）"秦惠王车裂商君以徇，曰：'莫如商鞅反者！'遂灭商君之家"。（《史记·商君列传》）所谓"车裂"，俗称"五马分尸"，是一种用五辆分驰的马车撕裂肢体的酷刑。秦惠王车裂商鞅以示众，又恨恨地说：看谁敢再像商鞅这样造反！商鞅整个家族同时也全被杀害。

商鞅虽死，秦法不败，变法的成果仍然得以继续保留。司马迁说："（商）鞅去卫适秦，能明其术，强霸孝公，后世遵其法。"（《史记·太史公世家》）实际上秦法不仅在秦国推行，商鞅变法开始实行的许多制度，对于后来千百年来的中国政治，一直有重要的影响。

尽管如此，商鞅个人的悲剧，仍然给人们留下触目惊心的历史印象。

后人对商鞅及战国时期另一位改革家吴起个人悲剧的议论，有从其策略风格方面进行分析的，如司马迁曾经批评商鞅"刻薄"而"少恩"，有从道德水平方面进行分析的，如《史记·太史公世家》关于吴起事迹，又说道，只有"信廉仁勇"，才"内可以治身，外可以应变"。而战国时期著名的政治活动家、曾经主持秦国政务的范雎，却发表过富有积极意义的意见。

他说商鞅事奉秦孝公，"极身无二虑，尽公而不顾私"，刑法严明以禁奸邪，赏罚公正以致大治，"披腹心，示情愫，蒙怨咎"，终于使秦国社稷得安，百姓得利，"为秦禽（擒）将破敌，攘地千里"。吴起事奉楚悼王，使私家不得害公，谗言不得蔽忠，坚持推进改革的原则，"言不取苟合，行不取苟容"，勇敢地面对反对势力，"不为危易行，行义不辟难"，为了变法的成功，国家的强盛，可以"不辞祸凶"。范雎说，这样的品格，这样的情操，"固义之至也，忠之节也"。他又言辞慷慨地肯定了这种精神的典范意义和感召力量："是故君子以义死难，视死如归；生辱不如死而荣。士固有杀身以成名，唯义之所在，虽死而无恨。"（《史记·范雎蔡泽列传》）《战国策·秦策三》也记述了这一段话，然而后一句写作："故君子杀身以成名，义之所在，身虽死，无憾悔。"君子牺牲个人生命，而在历史上留下英名，只要是为了正义的事业，虽然一人献身，却绝无遗憾，绝不悔恨。这种义无反顾、视死如归的评价，可能是符合商鞅的个人性格的，也是符合商鞅的历史地位的。

战国晚期，已经有商鞅或商鞅后学的作品流传于世。

《韩非子·五蠹》说："今境内之民皆言治，藏商、管之法者家有之。"说到商鞅之法的普及，其治国的意义也受到普遍的重视。

《韩非子·南面》又写道："说在《商君》之《内》、《外》。"大约韩非读到过《商君书》的《内》、

《外》篇。

　　商鞅的改革思想和治国方略，大都集中于《商君书》中。

　　司马迁说，他读过商鞅的《开塞》和《耕战》两篇。可知今本《商君书》的有些内容西汉时期已经存在。不过，该书中有的篇内说到垂沙之战、华阳之战、长平之战等，而这些战役都发生于商鞅去世数十年之后，可见该书有些内容完成于战国晚期。据高亨《商君书作者考》，今本《商君书》是商鞅遗著和其他法家人物遗著的合编。现在可以知道，《开塞》可能是商鞅遗作，《更法》则作于商鞅死后，而《算地》的作者已不可考，但是也是商鞅一派属于改革力量的政论家的著作。

　　商鞅在历代史学家和历代政论家的笔下，是一个有争议的人物。但是人们必须承认，商鞅变法有深刻的历史影响，商鞅治国的经历及其成败得失，也有深刻的历史影响。

　　回顾中国政治史，可以看到，历史上有作为的政治活动家，都十分重视借鉴历史经验。例如，毛泽东就是一个十分关心历史学、充分重视历史学，善于运用历史知识于政治斗争实践的革命家。他的政治事业的成功，其实和他深厚的历史学素养有着直接的关系。毛泽东思想的形成，有非常深厚的历史基础。他从少年时代起，就开始接受中国传统史学的基本教育。直到生命的最后阶段，仍然在研读中国的历史典籍。现在我们所看到的毛泽东最早的文章，就是一篇讨论商鞅变法的论文，写作时间是 1912 年 6 月，题目是《商鞅徙木立信论》。

这篇文章篇幅虽然不长，但富有新鲜独特的历史见解，因而当时得到老师很高的评价。毛泽东写道：

> 吾读史至商鞅徙木立信一事，而叹吾国国民之愚也，而叹执政者之煞费苦心也，而叹数千年来民智之不开、国几蹈于沦亡之惨也。谓予不信，请罄其说。
>
> 法令者，代谋幸福之具也。法令而善，其幸福吾民也必多，吾民方恐其不布此法令，或布而恐其不生效力，必竭全力以保障之，维持之，务使达到完善之目的而止。政府国民互相倚系，安有不信之理？法令而不善，则不惟无幸福之可言，且有危害之足惧，吾民又必竭全力以阻止此法令。虽欲吾信，又安有信之之理？乃若商鞅之与秦民适成此比例之反对，抑又何哉？
>
> 商鞅之法，良法也。今试一披吾国四千余年之记载，而求其利国福民伟大之政治家，商鞅不首屈一指乎？鞅当孝公之世，中原鼎沸，战事正殷，举国疲劳，不堪其状。于是而欲战胜诸国，统一中原，不綦难哉？于是而变法之令出，其法惩奸宄以保人民之权利，务耕织以增进国民之富力，尚军功以树国威，孥贫怠以绝消耗。此诚我国从来未有之大政

策，民何惮而不信？乃必徙木以立信者，吾于是知执政者之具费苦心也，吾于是知吾国国民之愚也，吾于是知数千年来民智黑暗国几蹈于沦亡之惨境有由来也。

虽然，非常之原，黎民惧焉。民是此民矣，法是彼法矣，吾又何怪焉？吾特恐此徙木立信一事，若令彼东西各文明国闻之，当必捧腹而笑，噭舌而讥矣。呜乎！吾欲无言。

毛泽东借商鞅"徙木立信"的故事阐述自己的思想，历史视角与众不同。由此至少我们可以知道，他对于商鞅的思想和商鞅的事迹，是十分熟悉的，也是十分推崇的。他对于商鞅乃"首屈一指"之"利国福民伟大之政治家"，以及"商鞅之法"乃"我国从来未有之大政策"的肯定，当然也是值得我们重视的。

7　以"法古"反"法古"

商鞅提出"便国不必法古"，以回答反对派"法古无过，循礼无邪"的主张，历来公认反古立新，彻底果决。然而我们全面考察商鞅的言行，却仍然可以清晰地看到其中慕古崇圣的思想主脉。

《商君书·画策》举"昊英之世"、"神农之世"、"黄帝之世"时势政治，以说明"以战去战，虽战可也；以杀去杀，虽杀可也；以刑去刑，虽重刑可也"的思想。《商君书·徕民》说到"先王制土分民之律"，认为尧、舜、汤、武"万世之所称也，以为圣王也"，但是"其道犹不能取用于后"，于是得出"听圣人难"的结论，惋叹世人不能遵奉"圣人"教示。在《商君书·更法》中有我们曾经引用过的商鞅驳斥保守派"法古"、"循礼"思想教条的最精彩的论说："前世不同教，何古之法？帝王不相复，何礼之循？伏羲、神农教而不诛。黄帝、尧、舜诛而不怒。及至文、武，各当时而立法，因事而制礼。礼法以时而定。制令各顺其宜。兵甲器备，各便其用。臣故曰：治世不一道，便国不必法古。汤、武之王也，不循古而兴。殷、夏之灭也，不易礼而亡。然则反古者未必可非，循礼者未必多也。君无疑矣。"

商鞅说，前代政教并不彼此相同，我们应当效法哪个古人呢？帝王行政并不相互因袭，我们拘守哪种礼制呢？伏羲和神农的政治风格是教导民众而不用死刑，黄帝和尧、舜的政治风格是实行死刑而不让妻子连坐。周文王和周武王是针对当时的形势建立法度，根据当时的条件制定礼制的。礼制、法度，要随着当时的时代需求而制定。政令要符合实际。如同兵器、军具要便利于应用一样。所以我说，治理民众，并非只有一种办法，发展国力，不必效法古人，商汤和周武王的成功，正是因为他们不拘守古法。殷纣和夏桀的灭亡，正是因为他们不改革旧礼。推翻古法的人，未必应当指责；拘守旧礼的人，未必值得赞扬。

我们可以看到，商鞅虽然反对"法古"、"循礼"的政治陈规，但是在论述自己的观点时，却仍然是以先古圣王为榜样，不过更突出先王政治典范"礼法以时而定，制令各顺其宜"的一面。

《商君书·开塞》中，有这样一段政论："圣人不法古，不修〔循〕今。法古则后于时。修〔循〕今则塞于势。周不法商，夏不法虞，三代异势，而皆可以王。故兴王有道，而持之异理。武王逆取而贵顺，争天下而上让，其取之以力，持之以义。今世强国事兼并，弱国务力守，上不及虞、夏之时，而下不修〔循〕汤、武，汤、武〔之道〕塞，故万乘莫不战，千乘莫不守。此道之塞久矣，而世主莫之能废也，故'三代'不'四'。"就是说，圣人不效法古时制度，不拘守现行制度。效法古时制度，就会落后于时代。拘守现行制度，就无法顺应形势。周人并不效法商朝的制度，夏人并不效法虞舜的制度，夏、商、周三代的形势不同，但是圣者都能够成就王业。如何使王业兴盛，有总的规律，但是具体的策略，却又各不相同。周武王用叛逆的形式取得天下，但是奠定王业之后却鼓吹服从；在争夺政权的时候提倡进取，在取得政权之后却鼓励谦让。夺取天下使用武力，维持政权却讲究道义。现今之世，强国致力于兼并，弱国致力于自卫，上不能继承虞、夏时代的制度，下不能继承汤、武时代的制度，汤、武的政治道路已经闭塞不通，今天有万乘兵车的大国无不出战，有千乘兵车的小国无不自卫，汤、武的道路久已废坏，而当代的国君，却还没有人能够开通新的政治道路。所以作为政治典范的"三代"，至今还没有继增为"四"。

我们可以看到，作者在反对"法古"、"循今"的同时，仍然赞美"三代"之"王"，如所谓"逆取而贵顺，争天下而上让，其取之以力，持之以义"的周武王等。

《商君书》的作者反复表示对"汤、武之王"的仰慕，赞颂"汤、武之略"在于专制强势，"则功立而名成"，"汤、武致强，而征诸侯，服其力也"，认为当时正是"方效汤、武之时"。（《商君书·算地》）以商鞅为代表的改革派，正是以商汤和周武王为典范，完成了变法的大业的。

据高亨《商君书作者考》，今本《商君书》是商鞅遗著和其他法家人物遗著的合编。现在可以知道，《开塞》可能是商鞅遗著，《更法》作于商鞅死后，而《算地》的作者不可考，但是也是商鞅一派属于改革力量的政论家的著作。

 8 《商君书》"国强民弱"政治公式

商鞅的行政理念有一个重要的原则，就是在谋求"强国"的另一面，强调"弱民"，即压抑民众的欲求、智能、意愿、权利，限制其可能参与社会管理和国家行政的条件。

《商君书·垦令》主张的政治导向包括"民不贵学问"。他认为："民不贵学问则愚，愚则无外交，无外交则国安而不殆。"又期望"农静诛愚"，俞樾《诸子平议》指出"诛通作朱"，"诛愚"就是《庄子·庚桑楚》"人谓我朱愚"的"朱愚","朱义与愚近"。高亨将"农静诛愚"解释为"农民安静而愚昧"(《商君书注译》，中华书局，1974，第25页)。商鞅以"愚农无知，不好学问"作为行政理想，主张彻底地愚民。《商君书·农战》中甚至说："农战之民千人，而有《诗》《书》辩慧者一人焉，千人者皆怠于农战矣。"民众中有千分之一的人有一定的知识，也会败坏行政主张的实施。民众心理简单，专心务农，就便于管理，易于驱使："圣人知治国之要，故令民归心于农。归心于农，则民朴而可正也。纷纷则易使也；信可以守战也。壹则少诈而重居；壹则可以赏罚进也；壹则可以外用也。"《商君书·壹言》也说："治国者贵民壹，民壹则朴。"所谓"夫开而不塞，则短长；长而不攻，则有奸"。按照高亨的译文，也是说："治国，如果开导人民的知识，而不加以堵塞，人民的知识就增长。人民的知识增长，而不去攻打敌国，就产生奸邪。"(《商君书注译》，第83页)

对于民众和行政的关系，《商君书·说民》期望"政胜其民"，期望"法胜民"，认为："民胜其政，国弱；政胜其民，兵强。""民胜法，国乱；法胜民，兵强。"用"政""法"压制民心、民欲、民智、民权，则"兵强"。如果反之，则"国弱"、"国乱"。

《商君书》专有《弱民》一篇，开篇就提出"民弱国强，国强民弱"的政治公式，强调"有道之国，务在弱民"的主张："朴则强，淫则弱；弱则轨，淫则越志；弱则有用，越志则强。"朱师辙《商君书解诂》

说，"朴则强，淫则弱"应作"朴则弱，淫则强"。按照有的学者的理解，这段文字可以这样解读："民众朴实，就不敢抗拒法令；民众放荡，就不把法令放在眼里。不敢抗拒法令，思想行动就不会越轨；蔑视法令，就会胡思乱想胡作非为。思想行动规规矩矩，就能听从役使；胡思乱想胡作非为，就难以驾驭。"（山东大学《商子译注》编写组：《商子译注》，齐鲁书社，1982，第142页）可以看到，商鞅期求"民弱"，是要让民众朴实专一，简单麻木，恪守法规，服从控制。《商君书·农战》中的说法，就是"民朴一"，"则奸不生"。

《商君书·弱民》又写道："政作民之所恶，民弱；政作民之所乐，民强。民弱国强，民强国弱。政作民之所乐，民强；民强而强之，兵重弱。政作民之所恶，民弱；民弱而弱之，兵重强。故以强重弱，削；弱重强，王。以强攻强，弱，强存；以弱攻弱，强，强去。强存则削，强去则王。故以强攻弱，削；以弱攻强，王也。"这里又具体涉及"弱民"的政策导向。这段话的文义，据高亨提示，即："政策建立人民所憎恶的东西，人民就弱；政策建立人民所喜欢的东西，人民就强。人民弱，国家就强；人民强，国家就弱。人民所喜欢的是人民强；如果人民强了，而政策又使他们更强，结果，兵力就弱而又弱了。人民所喜欢的是人民强；如果人民强了，而政策又使他们转弱，结果，兵力就强而又强了。所以实行强民的政策，以致兵力弱而又弱，国家就削；实行弱民的政策，以致兵力强而又强，就能成就王业。用强民的政策攻治强民和弱民，强民是依然存在；用弱民的政策攻治弱民和强民，强民就会消灭。强民存在，国家就弱；强民消灭，就能成就王业。可见，用强民政策统治强民，国家就会削弱；用弱民政策统治强民，就能成就王业。"（《商君书注译》，第 161 页）"民"被区分为"强民"和"弱民"。在通常的情况下，成就王业，要消灭或者压制"强民"。实行"弱民"的政策，就能够"成就王业"。秦政的历史性成功，应当就是遵循了这一原则。秦政的失败，也与这样的政策倾向有关。

《商君书》并不完全出于商鞅之手。但是作为商鞅追随者总结的理论，也是与商鞅的政治理念基本符合的。

9　关于商君"刻薄"

司马迁在《商君列传》中评价商鞅的个人品性和政治风格，有"商君其天资刻薄人也"的说法，又指出其"少恩"，说："余尝读商君《开塞》《耕战》书，与其人行事相类。卒受恶名于秦，有以也夫。"商鞅在秦国并没有树立起正面的政治形象，又长期成为历代政论家的批判对象，确实是有道理的。对于"刻薄"，司马贞《索隐》："谓天资其人为刻薄之行，'刻'谓用刑深刻，'薄'谓弃仁义不恤诚也。""谓鞅得用刑政深刻，又欺魏将，是其天资自有狙诈。"

明代学者张燧《千百年眼》曾经称许改革家商鞅

其意志的坚定果决："（商）鞅一切不顾，真是有豪杰胸胆！"然而商鞅对于文化的冷漠，却长期受到历代文化人，特别是儒学学者的指责。班固说："商鞅挟三术以钻孝公。"又说商鞅是"衰周之凶人"。（《汉书·叙传上》）所谓"三术"，按照应劭的解说，是"王"、"霸"和"富国强兵"之术。可见，商鞅的政治思想以"术"即策略方式作为主体内容的。而这种"术"，其实只是以"富国强兵"为目标的追求短期实效的具体政策。《汉书·武帝纪》颜师古注引用了李奇的说法："商鞅为法，赏不失卑，刑不讳尊，然深刻无恩德。"后来有人甚至认为商鞅应当为秦国"风俗凋薄，号为虎狼"承担责任。（《魏书·刑罚志》）朱熹也曾经批评："他欲致富强而已，无教化仁爱之本，所以为可罪也。"（《朱子语类》卷五六）就是说，只是片面追求国家"富强"，甚至不惜以文化倒退为牺牲来换取"国强"，因此应当承担历史罪责。司马迁评价商鞅行政所谓"刻薄""少恩"，不只是对商鞅个人进行道德品性和文化资质的分析，实际上也发表了对商鞅改革的社会历史效应的一种文化感觉。《战国策·秦策一》说商鞅推行新法，"道不拾遗，民不妄取，兵革大强，诸侯畏惧。然刻深寡恩，特以强服之耳"。所谓"刻深寡恩"，高诱解释说："刻，急也。寡，少也。深，重也。言少恩仁也。"

贾谊《陈政事疏》批评商鞅"遗礼义，弃仁恩"，轻视思想文化的建树而专力于军事政治的进取，竟然导致"秦俗日败"，社会风习颓坏，世情浇薄。家族间的亲情纽带也为实际的利益追求所斩断。当时秦国民间，据说"借父耰鉏，虑有德色；母取箕帚，立而谇语。"将耰锄一类农具借给父亲，也会以为施以恩惠而容色自矜，母亲取用箕帚一类用物，竟然可以恶言咒骂。秦人自商鞅之后兴起功利第一的时代精神，虽然能够"并心而赴时"，致使秦国强盛，"信并兼之法，遂进取之业"，终于灭六国，兼天下，然而在军事成功的另一面，却是文化上的"天下大败"。道德的沦丧，风俗的败坏，已经"不同禽兽者亡几耳"，原先的"廉愧之节，仁义之厚"，已经难以复归。（《汉书·贾谊传》）许多年之后，引起人们深切感叹的我们国民性中若干阴暗面的消极表现，如自私、冷酷等等，或许都可以在商鞅这样的法家政治家的实践中看到早期发生的因由。

对于王安石予以激赏的商鞅变法中的"徙木立信"情节，有人也有强烈的批评。宋代学者黄震写道："《商鞅》诗：'自古驱民在信诚，一言为重百金轻。今人未可非商鞅，商鞅能令政必行。'荆公平生心事，尽见此诗矣。然荆公虽博学而不明理。'诚'之一字，固未易言，'信'之为义，必有其实。徙木三丈而酬金百斤，天下宁有此理？此正商鞅矫情以行诈耳。顾谓之'信诚'可乎？果'诚信'，民将不令而从，谓'诚信'为'驱民'之具，何耶？"（《黄氏日抄》卷六四《读文集六·王荆公》）清人陆世仪也说："商鞅徙木，冒顿射爱姬、名马，赵高指鹿为马，总之同一术数。此皆所谓申韩也。"（《思辨录辑要》卷三四）商鞅当然是以这种"术"作为政治手段，而所谓"此正商鞅矫情以行诈耳"，出发点在于对商鞅变法总体方向的彻底否定。但是行政"驱民"的意识，既违背现代政治理念，也不合于儒学"民本"思想，确实是我们不赞同的。

三 赵武灵王"胡服骑射"

　　中国古代在军事方面的变法，也是回顾变法史时不能忽略的。军事体制的改革，常常是在其他方面的社会改革的直接影响下发生的。然而，也有军事体制的改革先期为其他形式的改革奏响序曲的情形。

　　马克思十分重视通过军队的历史，验证马克思主义关于生产力和生产关系之间联系的学说。他在1857年9月25日致恩格斯的信中写道："一般说来，军队在经济的发展中起着重要的作用。"他还指出："大规模运用机器也是在军队里首先开始的"。"部门内部的分工也是在军队里首先实行的。"他还认为，军队的历史对全部历史有非常明显的概括意义。（《马克思恩格斯全集》第29卷，第183页）中国古代军事体制改革的意义，也应当从这一角度来认识。

　　在战国时期激烈的军事竞争中，各国开明君主和他的助手们都以富国强兵作为基本国策。军事制度的调整和革新成为共同的举措。历史上称作"胡服骑射"的在军事体制方面首先予以突破的社会改革，无疑是闪耀的文化亮点。

胡服之功未可知也

战国时期兼并战争频繁而激烈，作战方法和兵种，也随着战争规模的扩大而发生变化。在北方草原民族的影响下，骑兵作为新兴的兵种得到重视。

公元前 307 年，赵武灵王北上攻略中山之地，又亲自巡行代地，北至位于燕山北麓的无穷之门，西行至黄河之滨。据说他是在这次出行北边胡地时，登上黄河岸边的黄华之山，与近臣商议，确定了推行"胡服骑射"的决心的。

《战国策·赵策二》和《史记·赵世家》记载了赵武灵王"胡服骑射"这一变法故事的相关情节。

《史记·赵世家》记载："十九年春正月，大朝信宫。召肥义与议天下，五日而毕。"有可能就是指和肥义有关变法准备的讨论。据《战国策·赵策二》，赵武灵王与臣下肥义商议国是。肥义说："王虑世者之变，权甲兵之用，念简、襄之迹，计胡、狄之利乎？"引导赵武灵王重视时势变化，考虑强化军事实力，追慕祖上赵简子、赵襄子艰苦立国的英雄业绩，向北方扩张，展拓赵国的版图。赵武灵王则表示继承先祖事业的决心，最初提出了"胡服"的设想。随后，"王北略中山之地，至于房子，遂之代，北至无穷，西至河，登黄华之上"。这或许可以理解为对"胡地、中山"领土要求的试探。

此后，又召楼缓谋议。赵武灵王说："我们的先王顺应时代的演变，经营军备，建筑长城，又曾经在荏地击败过林胡。不过，由于种种原因，最终却仍然没有能够成就霸业。而我们今天面临的军事形势，中山虽然已经在我控制之中，但是北有燕，东有胡，西有林胡、楼烦、秦、韩之边，却没有强兵劲旅可以招之即来，克敌卫境，这意味着国家社稷尚不具备可靠的安全保障，作为统治一国的君主，怎样才能使国家强盛呢？"楼缓说："强兵强国，才可以在今天的形势下自立。可是，不改革，就不可能自强。但是改革，常常是要遭到非议的。对于可能非常强大的反对意见，大王是怎么考虑的呢？"赵武灵王说："古人曾经说过，'夫有高世之功者，必负遗俗之累；有独知之虑者，必被庶人之怨。'一般创立特殊历史功绩的人，胸怀非凡政治见解的人，在当时往往总是受到传统势力的非议和世俗舆论的否定的。寡人决心排除种种非难，推行'胡服'，移风易俗，让我赵国的民风和民气，都能够适应周边强敌包围的战争环境。"当时，楼缓表示完全赞同赵武灵王"胡服骑射"的主张，但是，大多数的贵族和官僚都持坚决反对的态度。

赵武灵王又与肥义讨论"胡服"的计划。赵武灵王说："嗣不忘先德，君之道也；错质务明主之长，臣之论也。是以贤君静而有道民便事之教，东有明声先世之功。为人臣者，穷有弟长辞让之节通有补民益主之业。此两者，君臣之分也。今吾欲继襄主之业，启胡、翟之乡，而卒世不见也。敌弱者，用力少而功多，可以无尽百姓之劳，而享往古之勋。夫有高世之功者，必负遗俗之累；有独知之虑者，必被庶人之恐。今吾将胡服骑射以教百姓，而世必议寡人矣。"他表示继承先祖英雄事业是自己身为君主的责任，今天，寡人有志于继承先主的遗志，在胡人和狄人盘踞的地方奋扬武威。也期望臣僚们共同协力。以为臣子应当做的，是服从君主的决策，辅佐君主的事业，以实现益民强国的目的。他说，自己有心征伐西北少数民族，但是担心这样的举措遭到因世人不理解而出现的抵制。他又透露"今吾将胡服骑射以教百姓"的设想，同时又表露了内心的疑虑，以为这样的举措必然会遭到世人的非议的。

肥义回答道："臣闻之，疑事无功，疑行无名。今王即定负遗俗之虑，殆毋顾天下之议矣。夫论全德者，不和于俗；成大功者，不谋于众。昔舜舞有苗，而禹袒入裸国，非以养欲而乐志也，欲以论德而要功也。愚者暗于成事，智者见于未萌，王其遂行之。"肥义回答"夫有高世之功者，必负遗俗之累；有独知之虑者，必被庶人之恐"的话，以"疑事无功，疑行无名"，"夫论至德者，不和于俗；成大功者，不谋于众"解除赵武灵王的疑虑。又以先古圣王舜、禹的事迹予以鼓励。他说，臣听到过这样的说法，"疑事无功，疑行无名"。如果做事迟疑不定，就难以成就大功。既然已经经过深思熟虑，就不必再顾虑天下人的种种议论。"夫论至德者，不和于俗；成大功者，不谋于众。"道德修养最高尚的人，其实往往并不必与时俗相合的。建立功业最显赫的人，其实往往并不必与众人商议的。以往先古圣王舜和禹就都是这样的。他又说，愚昧的人，在事情发展已经终了的时候，仍然看不清形势；明智的人，则在事情还没有发生以前，就已经能够有所预见。劝赵武灵王当机立断，不要再犹疑。又以"王其遂行之"表示了对"胡服骑射"变法的支持。

赵武灵王说："寡人非疑胡服也，吾恐天下笑之。狂夫之乐，知者哀焉；愚者之笑，贤者戚焉。世有顺我者，则胡服之功未可知也。虽驱世以笑我，胡地中山吾必有之。"赵武灵王坚定地说，我不怀疑"胡服"的积极意义，只是担心天下人笑我。即使是"狂夫""愚者"的耻笑，也会使智者和贤者感到哀伤。然而，如果国人赞同我的决策，"则胡服之功未可知也"，其功效一定将是不可限量的。他充满信心地宣告："虽驱世以笑我，胡地中山吾必有之！"虽然现在多有人们不能遵从寡人的主张，但是中山国以及胡人的居地，最终仍必然归入我赵国的版图！

值得注意的是，在赵武灵王与臣下有关"胡服骑射"的讨论中，所谓"夫有高世之功者，必负遗俗之累；有独知之虑者，必被庶人之怨"，所谓"疑事无功，疑行无名"，所谓"论至德者，不和于俗；成大功者，不谋于众"，所谓"愚者暗于成事，智者见于未萌"等，和商鞅推行变法时与甘龙、杜挚等人辩论，内容和语气竟然几乎是完全一致的。

 赵武灵王胡服而朝

赵武灵王下决心推行"胡服"。他决意自己亲自带头以"胡服"出现在朝堂上面对百官。

在此之前，他请人转告自己的叔父公子成："寡人胡服，将以朝也，亦欲叔服之。家听于亲而国听于君，古今之公行也。子不反亲，臣不逆君，兄弟之通义也。今寡人作教易服而叔不服，吾恐天下议之也。"希望得到这位贵族首领的支持。他说："制国有常，利民为本；从政有经，令行为上。明德先论于贱，而行政先信于贵。今胡服之意，非以养欲而乐志也；事有所止而功有所出，事成功立，然后善也。今寡人恐叔之逆从政之经，以辅叔之议。且寡人闻之，事利国者行无邪，因贵戚者名不累，故愿慕公叔之义，以成胡服之功。"他恳切地请求："请服焉。"请公子成和自己一同"胡服"上朝。

赵武灵王的请求遭到公子成的拒绝。公子成说，"臣闻中国者，盖聪明徇智之所居也，〔四〕万物财用之所聚也，贤圣之所教也，仁义之所施也，诗书礼乐之所用也，异敏技能之所试也，远方之所观赴也，蛮夷之所义行也。今王舍此而袭远方之服，变古之教，易古人道，逆人之心，而怫学者，离中国，故臣愿王图之也。"他批评"胡服"背弃了古来的礼教和祖上的传统，希望赵武灵王重新考虑。

赵武灵王于是亲自到公子成家看望，又做了进一步的说服工作。他说："夫服者，所以便用也；礼者，所以便事也。圣人观乡而顺宜，因事而制礼，所以利其民而厚其国也。"各族各地礼俗服饰不同，然而，"其便一也"，都是为了方便。所以，"圣人果可以利其国，不一其用；果可以便其事，不同其礼。"所以，"去就之变，智者不能一；远近之服，贤圣不能同。"他又说到战国兼并形势下赵国的国情，"吾国东有河、薄洛之水，与齐、中山同之，无舟楫之用。自常山以至代、上党，东有燕、东胡之境，而西有楼烦、秦、韩之边，今无骑射之备。故寡人无舟楫之用，夹水居之民，将何以守河、薄洛之水；变服骑射，以备燕、三胡、秦、韩之边"。他又回顾了"昔者简主"、"襄主"时代的国史，并且诉说了为强敌凌辱的国耻，"先时中山负齐之强兵，侵暴吾地，系累吾民，引水围鄗，微社稷之神灵，则鄗几于不守也。先王丑之，而怨未能报也"。他解释说，改革的意义，在于强国克敌，"今骑射之备，近可以便上党之形，而远可以报中山之怨"，可是叔叔您竟然"顺中国之俗以逆简、襄之意，恶变服之名以忘鄗事之丑"，这实在不是我所期望的啊。

这番话打动了公子成。他表示，转意赞同赵武灵王的变法理念，"再拜稽首曰：'臣愚，不达于王之义，敢道世俗之闻，臣之罪也。今王将继简、襄之意以顺先王之志，臣敢不听命乎！'再拜稽首"。

于是，赵武灵王将制作好的胡服赐给公子成。第二天，赵武灵王和公子成胡服上朝，以为百官和众百姓的榜样。《资治通鉴》卷三"周慎靓王八年"的记述是"公子成听命，乃赐胡服，明日服而朝"。

随即颁布了《胡服令》。

3 革政而胡服

新法令的推行依然受到传统意识的阻碍。《史记·赵世家》记载,一些贵族高官继续提出了反对的谏言,"赵文、赵造、周袑、赵俊皆谏止王毋胡服,如故法便"。赵武灵王亲自驳斥了这样的意见,他说:"先王不同俗,何古之法?帝王不相袭,何礼之循?虑戏、神农教而不诛,黄帝、尧、舜诛而不怒。及至三王,随时制法,因事制礼。法度制令各顺其宜,衣服器械各便其用。故礼也不必一道,而便国不必古。圣人之兴也不相袭而王,夏、殷之衰也不易礼而灭。然则反古未可非,而循礼未足多也。且服奇者志淫,则是邹、鲁无奇行也;俗辟者民易,则是吴、越无秀士也。且圣人利身谓之服,便事谓之礼。夫进退之节,衣服之制者,所以齐常民也,非所以论贤者也。故齐民与俗流,贤者与变俱。"社会习俗顺应潮流,开明人士也理解和推进时变。所以谚语说:"以书御者不尽马之情,以古制今者不达事之变。"总之,"循法之功,不足以高世;法古之学,不足以制今"。这是你们不明白的。于是,继续坚定地推行胡服骑射的变革。

我们惊异地看到,赵武灵王回击反对者的言论,和商鞅变法时代改革家们的说法表现出高度的一致性。

赵武灵王在赵国开始推行新的制度,命令朝野上下都改穿胡人的短服,军队以胡人服饰为正式军装,束皮带,用带钩,穿皮靴,同时让民间也都普遍学习演练骑马射箭的技艺。

此后，数年之内，赵国迅速强大起来，除不久就兼并了中山国之外，又西征攻略胡地，至于窟野河上游。在赵国强盛军威的压力下，林胡王向赵国献良马，楼烦王也在赵军强大的军事压力之下，于西河会见了赵武灵王。《风俗通义·六国》说："至武灵王竟胡服骑射，辟地千里。"赵国因此成为天下强国。

据《史记·赵世家》记载，先前，曾经有人对赵简子发表过这样的预言："及主君之后嗣，且有革政而胡服，并二国于翟。"这里所说的"革政而胡服"，就是赵武灵王"胡服骑射"。唐代学者张守节在《史记正义》中解释说："武灵王略中山地至宁葭，西略胡地至楼烦、榆中是也。"

"胡服"和"革政"相并列，指出这一举措确实有变法改革的意义。

 ## "无穷之门"

明末清初大学问家顾炎武曾经考论"骑"这种的交通形式的起源。他说，《诗经》中有"古公亶父，来朝走马"句，"古者马以驾车，不可言'走'。曰'走'者，单骑之称。古公之国，邻西戎翟，其习尚有相同者"。他以为，这样说来，"骑射之法，不始于赵武灵王也"。（《日知录》卷二九《骑》）中原地方出现"骑"的方式或许较早，但是应用于战争中，战国以前并没有记载。明代学者杨慎说："骑兵出于夷狄，至赵武灵王令国中胡服骑射，其事始入中国耳。"（《丹铅余录》卷一七）"骑射"的作战方式自赵武灵王"胡服骑射"起传入中原，骑兵成为主要兵种，这样的判断，应当说是大致符合历史真实的。

《战国策·赵策二》有这样的记载："王破原阳，以为骑邑。"很可能是以当地服兵役者编为骑兵部队。牛赞进谏，以为破坏了以往的车兵军籍制度和部队编制传统，是不合适的。他说："国有固籍，兵有常经，变籍则乱，失经则弱。今王破原阳，以为骑邑，是变籍而弃经也。且习其兵者轻其敌，便其用者易其难。今民便其用而王变之，是损君而弱国也。故利不百者不变俗，功不什者不易器。今王破卒散兵，以奉骑射，臣恐其攻获之利不如所失之费也。"反对新的骑兵建制的设立。赵武灵王回答道："古今异利，远近易用，阴阳不同道，四时不一宜。"赵武灵王说，所以"贤人观时而不观于时，制兵而不制于兵"。他斥责牛赞："子知官府之籍，不知器械之利；知兵甲之用，不知阴阳之宜。故兵不当于用，何兵之不可易？教不便于事，何俗之不可变？昔者先君襄主与代交地，城境封之，名曰'无穷之门'。所以昭后而期远也。令重甲循兵不可以逾险，仁义道德不可以来朝。吾闻信不弃功，知不遗时。今子以官府之籍，乱寡人之事，非子所知！"军队建制不符合战争形势，当然应当变易。传统制度不符合时代要求，当然应当改革。今天你以陈旧的"官府之籍"扰乱我的变法大业，实在是太糊涂无知了！牛赞不得不心服，于是，"再拜稽首，曰：'臣敢不听令乎！'至遂胡服，率骑入胡，出于遗遗之门，逾九限之固，绝五径之险，至榆中，辟地千里"。骑兵战斗力的发挥，取得了"辟地千里"的胜利。

赵武灵王甚至提示，赵襄子在边城命名的"无穷之门"，其实可以看作期待后世变法改革的象征符号，有"昭后而期远"的深意。"无穷"，真的象征着变法改革的光明前景。

这一故事，可以看作骑兵史记录的初篇。赵武灵王的言论，可以看做中国军队进入骑兵时代的宣言。

图三　传洛阳金村出土战国铜镜所见骑兵形象

赵武灵王"胡服骑射"变革军事制度的历史文化意义，后世历代颂扬。这是因为这一变法举措的意义，历时愈远则愈鲜明的缘故。宋代司马光说："武灵王不顾流俗，变胡服，习骑射，以制林胡，灭中山，大启土宇，威加强秦，可谓贤君矣。"（《稽古录》卷一一）宋人王得臣《麈史》卷一《利疚》写道："事有变古，而行之愈久必不废者，如赵武灵王因用胡服，舍车而骑。"元代学者方回《续古今考》卷四讨论军制的变迁，说道："苏秦之说六国也，动曰车千乘骑万匹。赵武灵王之胡服而骑射也，车战尽废而乡遂出军之法尽矣。"同书卷五又写道："太史公详书之，以见夫胡服骑射，前是中国未之有，而赵主父率意变古始于此也。盖骑而射，匈奴之俗。中国惟以马驾车，故有车战、步战，而未有骑战。中国之民亦不敢单骑马而骋也。""求之《史记》，则赵武灵王实为胡服骑射，单骑匹马之始。《苏秦传》说燕文侯则曰'车六百乘，骑六千匹'，说赵肃侯则曰'车千乘，骑万匹'。肃侯者，武灵王之父，孟子同时。时则战国已从事于骑，恐是下令弃中国之法，而习匈奴之战，则明以教其百姓国人，自主父始也。"明代学者归有光也说："赵武灵王胡服骑射，以北略地，其事固已伟矣！"（《震川集》卷一〇《送同年光子英之任真定序》）明代学者黄淳耀也写道："主父胡服骑射，与公子成、赵文等议论，其辞雄俊博辨，势如河决。当其将三军，攻中山，攘地北至燕、代，西至云中、九原，欲从云中、九原直南袭秦，乃诈自为使者入秦，欲自略地形，因睹秦王之为人也。此其胆志才略，岂特儿视六国诸君而已哉！虽以秦政方之，蔑如也。使主父不死，纵不能取秦，亦当与之更相雄长，如秦缪、晋文之时。而六国倚以自固，则可以不为蚕食，彼衡人龊龊安所施其谋乎？"（《陶庵全集》卷四《史记评论》）推想赵武灵王如果健在，甚至可以遏制秦的扩张。

赵武灵王"胡服骑射"这一具有"革政"意义的变法运动，作用并不仅仅限于军事范畴，其影响其实涉及相当宽广层面的社会生活。顾炎武曾经研究驴这种西域畜种传入中国，成为黄河流域重要交通动力的历史。他写道："尝考驴之为物，至汉而名，至孝武而得充上林，至孝灵而贵幸。然其种大抵出于塞外，自赵武灵王骑射之后，渐资中国之用。"（《日知录》卷二九《驴骡》）现代驴的分布，也以河北、山西地方为多，可能也不是偶然的。汉代著作《释名》说，"靴"本来为少数民族所服用，"本戎服也，赵武灵王服之"。（《太平御览》卷六九八引）明人周祈《名义考》卷一一《物部》也说："赵武灵王作胡服，变履为鞮，连胫服之，今靴也。""靴"可能也是"胡服"的内容之一，而今天已经为中原人所习用。据说秦汉时期表彰勇武精神的"武冠""鹖冠"，也为赵武灵王时代引进，"故赵武灵王以表武士"。（《续汉书·舆服志下》）

四 汉武帝 "更化"

汉武帝在位 54 年（公元前 140 ~ 前 87 年），是中国古代统治年代比较长的帝王。汉武帝时代，西汉王朝进入全盛时期。作为胸怀雄才大略的政治家，汉武帝的政治思想与政治实践在历史上留下了深刻的足迹。汉武帝时代，是中国古代具有重要意义的历史时期。在这一时期，以大一统为基本形式的高度集权的专制主义政治体制得以定型，以汉族为主体的统一的多民族国家得到空前的巩固，汉文化的主流形态基本形成，以儒学作为思想定式的制度也开始出现，中国开始以文明和富强的政治实体和文化实体闻名于世。

汉武帝时代的制度、法律、政策，都有多方面的创新。许多历史性的进步，来自当时称作"更化"的革新。有些带有根本性意义的"更化"，其实也有变法的性质。汉武帝时代的政治体制、经济形式和文化格局，对后世都有相当重要的历史影响。这一阶段变革和创新的时代风格，也形成了深刻的历史文化印迹。

汉武帝时代推行的一系列新的制度，是通过一些"用急刻为九卿"的官员予以贯彻的（《汉书·食货志下》)。这些"皆以酷烈为声"的官员，以急切严厉的行政风格有效地完成了"禁奸止邪"的使命，他们"虽惨酷，斯称其位矣"，尽管为政冷酷残忍，但是对于维护新的政治体制，发挥了积极的作用。(《史记·酷吏列传》)

 ## 文化新政策：罢黜百家，
表章《六经》

汉武帝虽然得到"武"的谥号，但是他的历史贡献除了武功之外，也包括文治的成就。我们还看到，《汉书》的作者班固在《武帝纪》一篇最后的赞语中，只肯定了汉武帝的文治，对他的武功甚至只字不提。班固写道："汉承百王之弊，高祖拨乱反正，文景务在养民，至于稽古礼文之事，犹多阙焉。孝武初立，卓然罢黜百家，表章《六经》。遂畴咨海内，举其俊茂，与之立功。兴太学，修郊祀，改正朔，定历数，协音律，作诗乐，建封禅，礼百神，绍周后，号令文章，焕焉可述。后嗣得遵洪业，而有三代之风。如武帝之雄材大略，不改文景之恭俭以济斯民，虽《诗》《书》所称何有加焉！"班固说，西汉王朝承接前世落后残破的历史遗存，汉高祖刘邦拨乱反正，汉文帝和汉景帝推行与民休息的政策，致力于社会经济的恢复，顾不上文化建设。汉武帝刚刚即位，就罢黜诸子百家杂说，推崇儒学经典《易》、《诗》、《书》、《春秋》、《礼》、《乐》。于是聚集海内人才，举用俊杰之士，和他们一

同建立大功业。兴办太学，改定正朔，修正历法，调
和音律，创作诗乐，设立封禅，礼拜百神，使先王的
文化绪统得以承继，其号令文章，焕然而多彩。后世
子孙遵行这一方向，有三代之风。像汉武帝这样的雄
才大略，如果不背弃汉文帝、汉景帝谦恭简朴的作风，
一心为老百姓谋利益，那么，以《诗》《书》中的赞
词和颂歌来表彰他，也并不过分啊！

　　受到班固高度赞赏的，是汉武帝在文化建设方面
的功绩。

图四　《三才图会》汉武帝像

　　宋代学者洪迈《容斋五笔》写道，史家往往批评
汉武帝"好大喜功，穷奢极侈，置生民于涂炭"，然
而他"实有大功于名教"。自秦始皇焚书坑儒，汉初
依然压抑儒学，"帝详延天下方闻之士，咸登诸朝，令
礼官劝学，讲议洽闻，举遗兴礼，以为天下先。而公
孙弘以治《春秋》为丞相，天下学士靡然乡风。弘为

学官，悼道之郁滞，始请为博士官置弟子，郡国有秀才异等，辄以名闻。请著功令。而《诗》、《书》、《易》、《礼》之学，彬彬并兴，使唐、虞三代以来稽古礼文之事，得以不废。今之所以识圣人至道之要者，实本于此。史称其'罢黜百家，表章《六经》，号令文章，焕焉可述'，盖已不能尽其美"。说汉武帝引录儒学之士参与高层政治决策，又创立新的学制，奖励学术，使得儒学获得延续、改良、发展和普及的条件。现今人们知道儒学的基本道理，正是由于汉武帝当时的文化举措。史书称赞他肯定儒学的正统地位，又说他"号令文章，焕焉可述"，其实并没有能够充分表彰他的文化功绩。

汉武帝时代影响最为久远的文化政策，无疑是确立了儒学在百家之学中的主导地位。

汉武帝即位后，大举贤良文学之士。著名儒学大师董仲舒以贤良身份，就汉武帝提出的命题发表对策，讨论成就治世的策略。他认为，秦王朝灭亡以后，"其遗毒余烈，至今未灭"，只单凭"法"和"令"而求"善治之"，是"亡可奈何"的事。他写道："琴瑟不调，甚者必解而更张之，乃可鼓也。为政而不行，甚者必变而更化之，乃可理也。当更张而不更张，虽有良工不能善调也。当更化而不更化，虽有大贤而不能善至也。"琴瑟的音色不正，声调不和谐，就应当重新更装调整琴弦，才能够演奏。政令推行不顺利，政治形势不理想，也应当重新调整法令政策，才能够求得行政成功。他所说的"更张"、"更化"，其内涵，其实深蕴改革和变法的意义。

袁宏《后汉纪·光武帝纪》也说："夫更张难行而拂众者亡。"《汉书·礼乐志》也写道："为政而不行，甚者必变而更化之，乃可理也。"也都以"更张"、"更化"指改革和变法。

董仲舒指出："汉得天下以来，常欲善治而至今不可善治者，失之于当更化而不更化也。"就是说，要想实现"善治"，就必须在应当"更化"的时候坚定果决地"更化"。应当看到，汉武帝提高儒学的地位，并不是一件简单的事情。这一举措要与先前几代帝王执政时形成的文化惯性抗争，要否定祖上推行的制度和政策，其阻力之大可以想见。

董仲舒提出"更化"的主张时，特别强调"教化"的作用。他以为要谋求"善治"，一定应当注重文化体制的调整。他以为，"教化大行"，则可以实

图五　《三才图会》董仲舒像

72

现"天下和洽，万民皆安仁乐谊，各得其宜，动作应礼，从容中道"。从表面上看，董仲舒所提出的"王者有改制之名，亡变道之实"，"道之大原出于天，天不变，道亦不变"，似乎是否定变革的，认为作为政治基本原则的"道"，绝对不可以"变"。但是，他却又肯定了"改制"的合理性。他甚至还曾经说："继治世者其道同，继乱世者其道变。"也就是说，在某些历史条件下，"其道变"，也是正常的、合理的。

董仲舒文化体制改革理论的核心，是要确定儒学独尊的地位。他提出："《春秋》大一统者，天地之常经，古今之通谊也。今师异道，人异论，百家殊方，指意不同，是以上亡以持一统；法制数变，下不知所守。臣愚以为诸不在六艺之科孔子之术者，皆绝其道，勿使并进。邪辟之说灭息，然后统纪可一而法度可明，民知所从矣。"（《汉书·董仲舒传》）主张文化的"一统"，和政治的"一统"是一致的。而前者，又可以为后者奠定深入人心的统治的根基。

这样的观点，得到最高统治集团的认可，于是，在汉武帝时代，确立了"推明孔氏，抑黜百家"（《汉书·董仲舒传》）的文化政策的原则，完成了"罢黜百家，表章《六经》"（《汉书·武帝纪》）的文化体制的转变。

现在看来，"抑黜百家"、"罢黜百家"的政策似乎不能逃脱文化专制主义的指责。但是，在当时的历史条件下，这种文化体制变革的发生，却是有一定的合理基础的，是有一定的积极意义的。

图六　成都汉画像砖讲经图

应当看到，儒学在当时已经随着历史的进步有所充实和修正，综合了以往诸家政治文化的有效成分，提出了一整套比较合乎国情的治国方法。例如：

（1）儒学通过理论修补，使传统的宗法关系更为紧密，使传统的宗法制度更为完备。正如有的学者所指出的，"这种宗法制度用血缘亲属的网络把一些散漫的个体家族凝聚成为组织严密的宗法共同体，不仅不受人口迁徙流动的影响，而且具有顽强的再生性的功能，可以凭借人类的自然增殖在任何地方建立起来"。（任继愈主编《中国哲学发展史（秦汉）》，人民出版社，1985，第183页）

（2）儒学崇尚"王道"理想和"民本"原则，并且用这一理念对执政者的言行形成一定的约束。儒家有关"仁政"的政治主张，客观上有助于调整社会关系，缓和阶级矛盾，提高吏治水平。

（3）儒学以"天道"为基本，使政治理论神学化。经过汉儒加工改造的"天人感应"理论，使政治管理具有神秘主义色彩。这一理论可以有助于强化政治迷信，粉饰暴政，在一定意义上也可以利用来批判当政者，修正政治失误。

（4）儒学与其他主要学说相比，比较重视人的价值，比较注意肯定人的权利，满足人的需求。所谓"仁者爱人"（《孟子·离娄下》）的原则，是和文明进步的方向一致的。

（5）儒学比较能够贴近"人情"。正如有的学者所指出的，"儒家的纲常名教正是与历史上长期形成的风俗习惯相联系的，富有'人情'味，具有平易近俗的。因而儒家的教义很容易深入到老百姓的日常生活中去，发挥'一民心，齐民俗'的教化作用。儒学既不像法家学说那样强硬，也不像道家学说那样玄远，为统治者提供了一种便于推行道德教化的思想工具，这是它受到封建统治者青睐的又一原因。"（毛礼锐等主编《中国教育通史》第二卷，山东教育出版社，1986，第49~50页）

（6）儒学"中庸"的学说，比较适宜于农业民族的心理习惯。黄老之学过于消极，法家学说则显得过于激切。就中国人传统心理的节奏定式来说，儒学的合理性更容易得到普遍的承认。

（7）儒学在西汉时期得到发挥的"大一统"理

论，适应了加强君权和防止分裂的政治需要。"大一统"的原则，也对于我们民族共同心理素质的形成，有着重要的影响。

汉武帝时代实行将儒学地位提高至意识形态正统的重大变革，结束了各派学术思想平等竞争的局面，对于学术思想的自由发展，有限制和遏止的消极作用。但是，另一方面，这一变革肯定了"以教为本"，否定了"以法为本"，强调文化教育是"为政之首"，主张"教，政之本也；狱，政之末也"，（《春秋繁露·精华》）从而为我们民族重视文化、重视教育的传统的形成，也表现出不应忽视的积极意义。

 选官制度的创新

传统的政治结构是通过一级一级的官僚由上而下实行严密的管理的。最高统治者一般都希望吏治清明，以维护正常的政治秩序，保证国家机器的顺利运转。然而另一方面，他们又面临与各级官吏均分实际利益的问题。使各级官吏都得到相应的实利以维持其工作热情，又不使其超过一定的合理度以危害整个国家的利益，是一件相当困难的事。

西汉时期的官僚制度逐渐走向完备。在汉武帝时代实现了重要的转折。

汉初逐步建立和健全了一系列选官制度和监察制度。在汉武帝时代，有关制度又得以进一步完善。中国古代王朝在开国初年，最高执政集团的骨干多是创业功臣。有的学者称当时的政治形态为"军功贵族"执政（李开元：《汉帝国的建立与刘邦集团——军功受益阶层研究》，三联书店，2000）。随后往往有功臣子弟集中从政并占据高位的情形，这就是所谓"功臣子政治"。此后才能够逐渐实现儒学学者执政的所谓"儒臣政治"。分析西汉历任丞相的成分和政治背景的比较，可以发现，西汉朝相权的归属，确实呈现这样的转化趋势："功臣→功臣子→掾吏→儒生"。（参看许倬云《西汉政权与社会势力的交互作用》，《历史语言研究所集刊》第35本，1964）

司马迁在《史记·高祖功臣侯者年表》序中说到汉初功臣受封者百有余人，而至汉武帝太初时期百余年间，仅余5侯。他接着说道："居今之世，志古之道，所以自镜也，未必尽同。帝王者各殊礼而异务，要以成功为统纪，岂可缗乎？观所以得尊宠及所以废辱，亦当世得失之林也，何必旧闻？"司马迁所谓"未必尽同"，"何必旧闻"，可能是暗示汉世功臣由"尊宠"至于"废辱"，与以往所谓"为将三世者必败"，（《史记·白起王翦列传》）"君子之泽，五世而斩"（《孟子·离娄下》）不尽相同，这一过程似乎意味着政治结构的某种重要变迁。汉武帝时代，开始了由"功臣政治"向"贤臣政治"的转变。

汉武帝开创了献策上书为郎的选官途径，在一定限度内欢迎批评政治的意见。一时四方人士上书言得失者多达千人，其中有些因此而取得了相当高的职位。例如，田千秋原任低级职官高寝郎，因为上书言事称旨，很快被任命为列为九卿之一的大鸿胪，不过数月又超迁为丞相，后来又得封侯。

中国古代选官制度的演进，大体可以表现出"世官制"、"察举制"、"科举制"三个阶段。汉文帝时，已经有从社会基层选用"贤良"、"孝廉"的做法，指令中央官吏和地方官吏得从下级属吏、民间地主和部分自耕农人中选拔从政人员。名臣晁错就是曾经以"贤良文学"之选，又经帝王亲自策试，得以升迁为中大夫的。不过，当时既没有规定选举的确定期限，也没有规定各地方选举的人数。也就是说，这种选举形式还没有成为完备的制度。汉武帝在即位之初的第一年，就诏令中央和地方的主要行政长官"举贤良方正直言极谏之士"。六年之后，又下诏策试贤良。特别是在这一年，明确规定了郡国必须选举的人数。

正是在汉武帝时代，察举制得以基本成为正统的政制。辟除亦盛行，选举与教育也实现了早期的结合。功勋之臣于是不得不逐渐退出关键的政治职位，贤能之臣因而得到了更多的上升机会。这一历史进步的意义十分重大。有的学者曾经指出，汉武帝"初令郡国举孝廉各一人"（《汉书·武帝纪》）的元光元年（前134年），是"中国学术史和中国政治史的最可纪念的一年"。（劳榦：《汉代察举制度考》，《中央研究院历史语言研究所集刊》第17本，1948）这是因为这一诏令表明察举制已经发展成为一种比较完备的仕进途径，察举制作为选官制度的主体的地位已经得以确立。

这一历史进步，当然也可以看做汉武帝时代政治体制改革的成就。

 新经济体制的确立

汉武帝时代，为当时大一统王朝的建立与巩固建立经济基础的若干制度，也第一次在历史上出台。

汉武帝时代经济改革的主要内容，包括统一货币、官营盐铁、建立均输制度和平准制度，以及强化重农抑商政策等。当时通过这些重要变革，使西汉帝国的经济基础得以空前强固。

秦行"半两"钱，汉初，货币面文仍然为"半两"（12铢），但是质量低劣，实际重量只有8铢、4铢，甚至更轻，有的薄如榆荚，被称为"榆荚钱"。贵族、豪商大量盗铸货币，以牟取暴利。汉武帝初年，曾经改铸三铢钱。元狩五年（前118年），以五铢钱代替三铢钱，恢复秦始皇时代货币"重如其文"的制度，但是盗铸之风并不稍减，据说当时吏民因为犯盗铸金钱之罪而被处死的，达数十万人。可见当时货币制度的混乱。除了以严酷的刑法禁止私铸货币之外，汉武帝在元鼎四年（前113年）下令取消郡国铸钱的权力，将铸币权收归中央，专令水衡都尉属下的钟官、辨铜、伎巧（一说为均输）三官负责铸造新的五铢钱，当时名为"三官钱"。汉武帝命令各郡国一律销毁以前所铸的钱，所得铜料进输三官。因为禁令十分严格，新币铸造质量又相当高，盗铸无利可图，于是币制得到长期的稳定。五铢钱成为从汉武帝时代直到隋代 700 余年间国家铸币的主要形式。至今汉墓中经常出土的直径约 2.3 厘米、重量约 3.5 克的五铢钱，就是汉武帝时代币制改革的文物遗存。

官营盐铁，就是在盐、铁产地设置盐官和铁官，由政府统一生产发卖，使利润为国家所有。据《汉书·地理志》记载，西汉时期，盐官有处于 27 郡国的 35 处，铁官有处于 39 郡国的 47 处。据一些学者考证，盐官实际上有处于 30 郡国的 43 处，铁官数量，也超过《汉书·地理志》著录。盐官和铁官统属于中央的大农令（后来又更名"大司农"）。

均输法，就是大农向若干郡国派遣均输官，进行官营运输业的经营，改进调整以全国为规模的运输调度，扭转了以往重复运输、过远运输、对流运输等不合理运输所导致的天下赋输运费甚至超过货物所值的现象。汉代数学专著《九章算术》中有《均输》章，其中的算题，反映了当时官营运输业的组织者和管理者制订详密的计划分派运量、调度运力，并且严格规定运输行程的情形。

平准法，就是由大农在京师设平准官，进行官营商业的管理，平抑物价，调剂供需，节制市场。

统一货币、官营盐铁、建立均输制度和平准制度，使政府不仅获得经济利益，更重要的是为重农抑商奠定了经济基础。

汉武帝时代，还采取了"算缗"和"告缗"等直接打击大商贾的政策。元狩四年（前 119 年），汉武帝开始推行"算缗钱"。规定商人、兼营手工业的商人和高利贷者,必须向政府申报其资产。每 2000 钱纳税 1 算,即 120 钱。自产自销的手工业品,每 4000 钱 1 算。轺车 1 车 1 算,商人拥有的轺车加倍。船 5 丈以上 1 算。商人有产不报或报而不实的,罚令戍边 1 年,财产予以没收。元鼎四年(前 114 年),汉武帝又下令"告缗",鼓励民间相互告发,规定将没收违法商人资产的一半奖励给告发者。于是,在"告缗"运动中,政府没收的财产数以亿计,没收的奴婢成千上万,没收的田地,大县数百顷,小县百余顷。中等资产以上的商贾,大多都被告发以致破产。"算缗"、"告缗"推行之后,政府的府库得到充实,商人受到沉重的打击。专制主义中央集权制度的空前加强,得到了强有力的经济保障。

汉武帝对经济体制的改革,在当时就引起过激烈的争论。

反对派指责这些经济政策是导致民间疾苦的主要原因,呼吁废止。汉昭帝始元六年(前 81 年),曾经作为汉武帝经济改革实际主持者的御史大夫桑弘羊等与郡国所举贤良、文学就施政方向进行辩论。贤良、文学力主罢盐铁、均输官等新经济政策,以为这些政策的实质是"与民争利",桑弘羊等仍然坚持汉武帝时代的经济原则,认为兴盐铁、置均输,扩大了政府的财源,是抗击匈奴、消除边患的经济保证,同时,这些经济改革的形式,也有益于民生,"先帝建铁官以赡农用,开均输以足民财;盐铁、均输,万民所戴仰而取给者,罢之，不便也"。（《盐铁论·本议》）坚持不能废止。

　　贤良、文学之议，对于继续实行"休养生息"的经济原则，以维持安定局面，起了积极的作用，但是他们对取消盐铁、均输等方面的具体要求，并没有被西汉政府采纳。也就是说，汉武帝新经济政策的延续性，得到了保障。应当说，汉武帝之后"昭宣中兴"的实现，和这些政策的稳定有重要的关系。

 4　轮台诏："过天地之风雷"

　　汉武帝晚年，行政苛烦，为法严厉，而且迷信方士神巫，年迈多疑，喜怒无常。《汉书·武五子传·戾太子刘据》说，"上春秋高，意多所恶"，又多病，"以为左右皆为蛊道祝诅"。洪迈《容斋续笔》卷二"巫蛊之祸"条写道："是时帝春秋已高，忍而好杀，李陵所谓法令无常，大臣无罪夷灭者数十家。"而"心术既荒，随念招妄"，"迷不复开"，也是巫蛊之祸发生的原因之一。汉武帝指使酷吏清查"巫蛊"，严刑逼供，形成空前的大狱，据说有数万人冤死，这就是西汉史上著名的"巫蛊之祸"。"巫蛊之祸"随即引发了都城长安以汉武帝调动和指挥的政府军为一方，以太子刘据发动的长乐宫卫戍部队和武装市民为另一方的直接的战争。鏖斗之激烈，据说伤亡数以万计，大路两旁的沟水，都被鲜血染红。"巫蛊之祸"作为发生于汉武帝统治晚期的一场激烈的动乱，使汉帝国陷入严重的政治危机，也形成了深刻的社会震荡，在中国古代政治史上演出了惊心动魄的一幕。

　　事变之后，"巫蛊"冤案的内情逐渐显现于世。汉武帝知道太子发兵只是由于惶恐，并没有其他意图，又接受了一些臣下的劝谏，内心有所悔悟。他下令诛灭江充全家，并且将江充的同党苏文焚死在横桥上，又哀怜太子无辜，在刘据去世的地方筑作思子宫与归来望思之台，以示怀念之意。据说天下听说这一情形，都为刘据哀伤。

　　汉武帝筑归来望思之台，不仅仅是寄托着对刘据的思念，也表达了对刘据的政治倾向和政治风格的认可。

　　刘据曾经对汉武帝好大喜功，动不动就出军远征的政策提出过不同意见。汉武帝笑着说：我来承担这份劳累，把安逸留给你，这难道不可以吗！巫蛊之祸发生之后，汉武帝终于有所觉醒。他及时利用汉王朝西域远征军战事失利的时机，开始了基本政策的转变。

　　征和四年（前89年），汉武帝公开宣布：朕即位以来，所作所为狂悖，使天下人愁苦，不可追悔。从今以后，凡有伤害百姓、靡费天下的政策法令，统统予以罢除！

　　有大臣建议在轮台（今新疆轮台东）屯兵，扩大汉帝国在西域的影响，逐步将长城修筑到塔里木河流域。汉武帝否定了这一建议。他颁布的宣布改变以往政治方向的诏书，因为是以"轮台"军事作为由头的，所以历史上称作"轮台诏"。

　　汉武帝回顾以往远征车师的战役，为当时因为路途遥远，死于途中的将士竟然多达数千人深表悔恨。而轮台更在车师以西千余里，他于是坚定地拒绝了主张将西域战争继续升级的建议，又表示当今最重要的，在于严禁苛暴之政，防止给予民众过重的负担，努力促进农耕经济的发展，决意把行政重心转移到和平生产方面来。汉武帝又封丞相田千秋为"富民侯"，以表明与民休息，发展经济，养护百姓的决心。

"轮台诏"被誉为表达了"仁圣之所悔"的政治典范。其内容，因"自今事有伤害百姓，糜费天下者，悉罢之"，（《资治通鉴》卷二二"汉武帝征和四年"）也可以看作变法的宣言。

司马光在《资治通鉴》卷二二"汉武帝征和四年"一节关于"巫蛊之祸"和"轮台诏"的记述之后，曾经这样评价汉武帝："孝武穷奢极欲，繁刑重敛，内侈宫室，外事四夷，信惑神怪，巡游无度，使百姓疲敝，起为盗贼。其所以异于秦始皇者无几矣，然秦以之亡，汉以之兴者，孝武能尊先王之道，知所统守，受忠直之言，恶人欺蔽，好贤不倦，诛赏严明，晚而改过，顾托得人。此其所以有亡秦之失而免亡秦之祸乎？"他写道，汉武帝追求享受，生活奢侈，压迫剥削百姓残酷，于内生活消费极端奢侈，对外频繁发动战争，又迷信神怪，巡游无度，导致百姓生活困苦，不得不起来反抗。他的作为，和秦始皇几乎没有什么差别。但是，秦始皇导致了秦王朝的灭亡，汉武帝却使得汉王朝振兴，这是为什么呢？因为汉武帝能够遵行儒家坚持的政治原则，又能够听从忠直的臣下的意见，不能容忍坏人的欺蔽，始终尊贤爱士，而且处罚罪臣，公正严厉，特别是晚年能够认识自己的政治失误，改正自己的政治失误，对于继承人的选择和辅佐新帝的大臣的人事安排都比较正确，所以虽然犯有导致秦王朝灭亡的同类的错误，却避免了如同秦王朝灭亡那样的政治灾难。

所谓"受忠直之言，恶人欺蔽，好贤不倦"，"晚而改过，顾托得人"，不仅反映出汉武帝个人性格的有关特征，也反映出西汉政治体制的重要进步，就是说，与秦王朝僵冷而毫无弹性的行政制度不同，政府的重大政治缺误已经可以在一定程度上进行自我修补。

"巫蛊之祸"这种在王朝都城的市中心发生大规模流血事件，又以正规军武装平定政治动乱的情形，在历史上是绝无仅有的。而汉武帝在事后的处理方式，在历史上也是绝无仅有的。正如有的历史学家在分析"巫蛊之祸"前后的历史过程时所指出的："历史动向向我们昭示，汉武帝作为早期的专制皇帝，实际上是在探索统治经验，既要尽可能地发展秦始皇创建的专制主义中央集权的统一国家，又要力图不蹈亡秦覆辙。在西汉国家大发展之后继之以轮台罪己之诏，表明汉武帝的探索获得了相当的成功。汉武帝罪己之诏虽然不能像所谓'禹汤罪己，其兴也勃焉'那样，臻汉室于鼎盛，毕竟挽回了将颓之局。不过，轮台诏能够奏效，是由于它颁行于局势有可挽回之际，而且有可挽回之方。""所以汉武帝虽然提供了专制帝王收拾局面的先例，而直到有清之末为止的王朝历史中，真能成功地效法汉武帝以'罪己'诏取得成效的皇帝,却不多见。"(田余庆:《论轮台诏》,《秦汉魏晋史探微》,中华书局,1993,第51页)

中国古代帝王能够意识到自己的政治失误并且致力于扭转补救,已经是难能可贵的,其方式有许多种,一般情况下,往往尽管在实际上对失误有所纠正,然而在口头上对于失误却并不愿意公开承认。如汉武帝"轮台诏"这样正式沉痛地向全民公开承认自己的重大失误,在历史上是极其罕见的。明代思想家李贽也曾经称汉武帝晚年的这一历史变局为"天下大坏而得以无恙"。他曾经这样评价汉武帝的"轮台诏":"汉武惟此一诏可谢高帝、文帝。""过天地之风雷,可不勇哉!"(〔明〕李贽:《史纲评要》卷七)劳榦在为《创造历史的汉武帝》一书所写的序言中也说:"至于轮台之诏,以富民为天下权衡,民亦劳止,遂得休息。系铃解铃,同于一手,非有大智慧,大决断者,莫肯行焉,此亦与文过饰非者异矣。"(《创造历史的汉武帝》,台湾商务印书馆,1984,第4页)

晚年汉武帝的这一作为,需要改革家主持变法时所具备的大勇气、大智慧。所谓"系铃解铃,同于一手",是说他的这些具有变法意义的举措,其实一如自己变自己所确定的法,所表现的勇略和魄力更值得肯定。

五　王莽改制

　　汉平帝时代，西汉王朝的政治衰败已经难以挽救。这一事实为社会上层的人们逐渐认识之后，期望一个有作为的政治人物带来新的转机，成为一种共同的心愿。在这样的背景下，因外戚身份进入统治中枢的王莽在朝廷高层之中以道德表演方面的优势胜出，终于取得了最高政治权力。

　　王莽是中国政治史上的一个特殊人物，王莽专政的时期，是中国政治史上的一个特殊的时期。王莽在68年的生涯中，进行了非同寻常的政治表演。他的人生轨迹和两汉之际社会大变乱的历史相叠合，他的政治努力大都导致了惨重的失败。于是对于王莽的评价，历来争议纷纭。

　　王莽建立新朝，为了缓和日益激化的社会矛盾，进行了包含多项内容的社会改革，这些政治努力均以失败告终。在随后爆发的全国性的民众起义的冲击下，新朝灭亡。

　　王莽因篡汉而长期受到正统史家的否定。但是对于他的政治意识和政治实践进行客观的分析，可以发现有值得讨论和总结的意义；他的政治设计，也有积极的值得肯定的内容。

"匿情求名"的贵族

王莽是孝元皇后弟弟王曼的儿子。元后的父亲和兄弟都在元成时代封侯，居位辅政，家族中出了九侯、五大司马，只是王曼早逝，未得封侯。王莽虽出身外戚家族，却与其他兄弟不同，"莽群兄弟皆将军五侯子，乘时侈靡，以舆马声色佚游相高，莽独孤贫，因折节为恭俭"。他曾经从名儒学习《礼经》，"勤身博学，被服如儒生"。在家族中，"事母及寡嫂，养孤兄子，行甚敕备"。为人处世，谦虚谨慎，严守礼法。阳朔年间，伯父大将军王凤患病，"莽侍疾，亲尝药，乱首垢面，不解衣带连月"。王凤临终时，将他托付给太后及帝。

王莽在汉成帝元始元年（前16年）被封为新都侯，《汉书·王莽传上》说他"爵位愈尊，节操愈谦"，经常将财物散发给宾客，家无所余。他礼待名士，交接将相，谦恭克己，生活也注意俭约。一次王莽母亲患病，公卿列侯各遣夫人慰问，王莽的夫人相迎，衣不曳地，布蔽膝，见之者以为僮仆，知道是夫人后，人人惊异。

绥和元年（前8年），王莽任大司马。汉哀帝时，一度罢官就第，杜门自守。三年后，又被征召。汉哀帝去世，王莽得太皇太后授权，控制了朝廷中枢部门，掌握了禁卫部队的指挥权。

图七　王莽像

　　汉平帝九岁即位，太后临朝称制，王莽复任大司马，总揽朝政。一时附顺者拔擢，忤恨者诛灭。元始元年（公元 1 年）进位太傅，号安汉公，后加称宰衡。元始四年（公元 4 年），王莽的女儿被立为皇后。元始五年（公元 5 年），王莽得到"加九锡"的封赏，其威仪已经近于皇帝。

　　因为能够苦身自厉，"折节力行，以要名誉"，一时"宗族称孝，师友归仁"，最终以道德积分的优势，取得了最高政治权力。这可以说是刘姓集团无奈的政治退却，也可以看做社会上下共同的文化选择。

　　《汉书·王莽传上》说他节操谦谨，生活俭约。王莽有子四人，除一人病逝外，其余三个儿子都在年届30岁，政治上即将自立时，因罪被王莽逼迫自杀。按照班固的说法，王莽这样做的目的，在于"以示公义"。这在中国古代帝王中，形成相当少见的特例。

王莽的政治表演有极其虚伪的性质，史书曾经称之为"匿情求名"。另一方面，王莽又往往"敢为激发之行"，行政时无所顾忌。

汉平帝死后，王莽借口"卜相最吉"，拥立年仅两岁的孺子婴，自己以"摄政"的名义控制了最高权力。朝会称"假皇帝"，臣民称"摄皇帝"，车服称号皆如天子之制，改元"居摄"。

后来，王莽又利用民间慕势钻营之徒迎合上意所伪造的符命，宣称汉祚已终，于初始元年（公元8年）正式自立为帝，改国号为"新"，结束了西汉王朝的统治。第二年，改年号为"始建国"。王莽从"假皇帝"成为"真天子"。面对西汉末年尖锐的阶级矛盾和深重的社会危机，王莽正式取得帝位之后，即附会古礼，托古改制，期求以社会改革的形式，调整阶级关系，改善国家效能，希望恢复政局的稳定。王莽新政的试验没有取得成功。

王田私属

西汉末年社会问题的症结，是土地问题和奴婢问题。

汉哀帝时，师丹辅政，曾经建议以限田、限奴婢的形式缓和社会矛盾。汉哀帝发布诏书说，诸侯王、列侯、公主、吏二千石及豪富民聚集奴婢、田宅，没有限制，与民争利，百姓往往失业，重困不足。他指示朝臣制定予以限制的条例。(《汉书·哀帝纪》)丞相孔光、大司空何武随即制定了限定的额度和限制的措施。规定贵族官僚及一般民众皆得"名田"，诸王、列侯得名田国中，列侯在长安及公主名田县道，关内侯、吏民"名田"的数额不得超过30顷。占有奴婢的限定数量，诸侯王200人，列侯、公主100人，关内侯、吏民30人。以三年为期，"犯者没入官"，即违反这一规定的要受到严厉的惩处。然而这一设想遭到了当政的外戚、官僚的激烈反对，并没有能够真正实行。(《汉书·食货志上》)

王莽也认识到土地问题和奴婢问题是西汉末年社会问题的要害。

王莽在始建国元年(公元9年)下令，更名天下田为"王田"，奴婢为"私属"，都严禁买卖。他又参照孟子曾经说到的"井田制"一夫一妇授田百亩的原则，宣布凡男口不满八人而土地超过一井(九百亩)的，应当分余田予九族邻里乡党中无田和少田的人。没有田的民户，则按照一夫百亩的制度受田。

王莽的这一措施，意图在于缓和土地兼并造成的矛盾，同时防止农民奴隶化。不过，王莽改制的理论基点，只是盲目的复古，只是简单的所谓"追监前代，爱纲爱纪"。王莽宣布推行"王田"制度的诏书颁布之后，分田授田的规定并不能够真正落实，仅仅只是冻结了土地和奴婢的买卖。地主、官僚和工商主当时违禁继续买卖土地和奴婢以致获罪的不可胜数，于是纷起反对。"王田"政策实际上只是引起了社会经济的混乱，而看不到有益的成效。于是，一位名叫区博的中郎对此提出了这样的批评意见："'井田'虽圣王法，其废久矣。周道既衰，而民不从。秦知顺民之心，可以获大利也。故灭庐井而置阡陌，遂王诸夏，讫今海内未厌其敝。今欲违民心，追复千载绝迹，虽尧、舜复起，而无百年之渐，弗能行也。天下初定，万民新附，诚未可施行。"他说，"井田"虽然是先古圣王的制度，但是早就已经废除了。周王朝衰落时，民众已经厌弃了这一制度。秦国当权者清醒地看到顺应民心就可以取得显著的政治实利，于是废除"井田"而推行了新的田制，最后终于统一了天下。秦人所实行的田制，至今天下人并没有觉得不便而反感。现在要违逆民心，追复千百年前已经废除的古制，就是尧、舜再生，如果没有百年逐步演进的过程，也是不可能成功的。何况新朝刚刚建立，万众尚未归心，实在是不宜于实行的。

区博的观点，出于实际，首先提出了是否"能行"，是否"可以获大利"的问题，但是也谈到了"顺民之心"还是"欲违民心"的原则。《汉书·王莽传中》记载，听到区博的意见之后，王莽"知民怨"，于是发布诏书说："诸名食王田，皆得卖之，勿拘以法。犯私买卖庶人者，其一切勿治。"宣布买卖"王田"及"私属"者，不再受到先前颁发的法令的严厉制裁。这是始建国四年（公元 12 年）的事。也就是说，这一法令实行不过 3 年，就因为民间的抗拒被废止了。王莽实际上被迫承认了这项改革尝试的失败。

地皇三年（公元 22 年），王莽的新朝政权崩溃的前夕，最后废除了关于王田、私属的法令。

 3 五均六筦

在王莽推行的一系列新政中，又有被称为"五均六筦"的城市经济政策。

"五均六筦"，即"五均赊贷"和"六筦"的制度。王莽曾经试图通过这一形式，改善对工商业和财政的管理。

"五均六筦"，即对六种经济活动实行管制，包括对盐、铁、酒实行专卖，政府铸钱，名山大泽产品收税以及五均赊贷即政府对城市工商业经营和市场物价进行管制并办理官营贷款业务等。

居延汉简中可以看到这样的简文："……枚，缣素，上贾一匹直小泉七百枚，其马牛各且倍，平及诸万物可皆倍。牺和折威侯匡等所为平贾，夫贵者征贱，物皆集聚于常安城中，亦自为极贱矣。县官市买于民，民……"（E. P. T59：163）。简文中所谓"牺和折威侯匡"，可能就是《汉书·食货志下》中说到的主持"五均六筦"的"羲和鲁匡"（《汉书·王莽传下》则写作"牺和鲁匡"）。事实证明王莽时代推行的"五均赊贷"制度不仅限于"盐铁钱布帛"，可能也曾试图涉及物资，包括"马牛""及诸万物"。

当时实行"五均"的六个城市，称为"五均市"。

"五均市"，就是：长安（今陕西西安西北）、洛阳（今河南洛阳东）、邯郸（今河北邯郸）、临菑（今山东淄博东）、宛（今河南南阳）、成都（今四川成都）。

《汉书·食货志下》记载，王莽当时颁布诏令说：《周礼》有赊贷制度，《乐语》有五均形式，《传》《记》等诸种典籍又多说到"斡"，其作用在于使众庶得到平均，使兼并得到抑止。于是在长安及五都设立"五均官"，更名长安东、西市令及洛阳、邯郸、临菑、宛、成都五市的市长皆为"五均司市师"。东市称"京"，西市称"畿"，洛阳称"中"，其余四都各用"东"、"西"、"南"、"北"为称，分别设置交易丞五人，钱府丞一人。

当时，新朝政府宣称希望通过类似的经济管理方式，限制商人对农民的残酷盘剥，制止高利贷者非法牟取暴利的行为，以完备国家的经济制度，调整社会的经济关系。但是，这些措施也多有不利于实行的成分，遭到了工商业者的联合反对，导致了明显的经济混乱。

王莽政权的最高决策集团，在确定改革的方向和步骤时，没有经过成熟的理论思考；在推行改革的法令和措施时，也没有进行必要的理论说明。他们只是简单地以传说中古代圣王的制度作为改革的理论基础。分田授田的规定，是依照孟子所谓"井田制"一夫一妻授田百亩的原则制定的。"五均六莞"制度的名号，也是儒者刘歆以古文经《周礼》和《乐经》为依据提出来的。

耐人寻味的是，"五均"政策，本来是以汉武帝"平准法"为基点制定的，而"六筦"中，盐、铁专卖和政府铸钱也都是承袭汉武帝旧制。酒的专卖，汉武帝时代也曾经实行，但是新法的宣布，并不对汉武帝时代制度的利弊与成败进行总结和说明，却只是以古制相标榜。

"五均六筦"法实行了十数年，并没有取得理想的成效。到王莽地皇二年（公元 21 年），和他一系列失败的政策一样，也准备正式废除。然而第二年，王莽的新朝政权就覆亡了。

 4　分州定域

王莽据说素好鬼神，迷信符命，惊惧变怪，（《汉书·王莽传上》）政治行为往往"伪稽黄、虞，谬称典文"，（《汉书·叙传下》）事事都要在圣王事迹和儒学经典中寻求根据。虽然王莽改制缺乏完备的改革思想以为理论基础，其理论基点表现出盲目复古的倾向，只是简单地"追监前代"，"专念稽古之事"，但是新朝所试图进行的政治文化区与经济文化区的重新划分，却在一定意义上体现出文化地理观的历史进步。

王莽先据《尧典》正十二州名分界，又据《禹贡》改为九州。他又曾经"以《周官》、《王制》之文"更改地名和官名。将政治中心向东方转移的计划，也列入了日程。

汉平帝元始五年（公元 5 年），王莽曾经因为"皇后有子孙瑞"，开筑了由长安翻越秦岭通达汉中的子午道。子午道的开通，是地理与人文相互印合的特殊的史例，反映了当时神秘主义观念对于政治生活的影响。

《汉书·王莽传上》记载，王莽期望在处理四夷之事方面有突出的成就，以为当时"既致太平，北化匈奴，东致海外，南怀黄支，唯西方未有加"，外交在北方、东方和南方都多有创获，只是在西方并不理想，于是派人多持金币引诱塞外羌人献地内属。随即有羌人首领良愿等率其部族 2000 人愿为内臣，献鲜水海、允谷盐池。王莽说，当时已有东海、南海、北海郡，未有西海郡，于是以所受良愿等所献地为西海郡。期望奄有四海，透露出王莽地理观的政治文化基点。此后，又增置 50 条新法令，违犯者徙之西海，徙者多以千万计，事实上开始了大规模充实"西海"的移民。

王莽又按照传说中先古圣王的行政区域规划，讨论确定州名及州界问题，以经义正十二州名分界。王莽始建国四年（公元 12 年），又以"为万国主"的身份，宣布"分州定域，以美风俗"，再次讨论了"十二州"和"九州"建置问题。这一次则确定按照《禹贡》中提出的制度，置定九州。（《汉书·王莽传中》）

王莽的新朝建立之后，一时志欲方盛，"以为四夷不足吞灭"，于是又以强制性的行政方式确定了所谓"天下""四表"。《汉书·王莽传中》记载，其东出，至玄菟（郡治在今辽宁新宾西）、乐浪（郡治在今朝鲜平壤南）、高句骊（在今辽宁东部）、夫余（在今吉林中部）；南出则逾徼外，历益州；西出则至西域；北出者，至匈奴庭。

西方和南方，为了追求"九族和睦"的虚名，"尽改其王为侯"，将边地少数部族领袖由"王"贬称为"侯"。又授匈奴单于印，变易文字，不再称"玺"而改称"章"。匈奴单于称谓，也被改为"降奴服于"。王莽轻视边地少数部族的做法导致了边境的动乱，一时匈奴单于大怒，东北与西南夷发生变乱，西域地区也随即因此叛离。

王莽时代大规模更改地名，后来成为历史上的笑柄。他在建立新朝之初，就改明光宫为定安馆，又更名长乐宫为常乐室，未央宫为寿成室，前殿为王路堂，长安为常安。郡县名称也纷纷更改。尤其引起行政烦乱和民间不便的，是地名的反复更改。《汉书·王莽传中》说，地名往往一年之内反复变更，有的郡名甚至先后五次变易，而最终又恢复原名。地名的频繁变化，使吏民不能明辨，于是每次颁布诏书涉及地方政策时，不得不在新地名之后说明原先地名。王莽推行的改革措施，往往随意性很强。心血来潮，朝令夕改，"号令变易"，"数变改不信"（《汉书·王莽传中》）的情形相当多见。地名的反复频繁的更改，也是表现之一。《汉书·王莽传中》说，当时地名往往一年之内反复变更，有的郡名甚至先后五次换易，而最终又恢复原名。

西汉末年经济进步的显著标志之一，是关东地区从非政治重心的基点出发，经过累年的发展，已经逐步取得了其生产形势可以牵动全国的经济重心的地位。秦代及西汉前期实行"强干弱支"（《汉书·地理志下》）、"强本弱末"（《史记·刘敬叔孙通列传》）的政策，以超经济强制的方式剥夺关东地区，从而导致"东垂被虚耗之害"的做法，在当时已经被有识之士所否定，以为"非久长之策也"。（《汉书·元帝纪》）

王莽专政时，最高执政集团已经看到了这一形势。当时所谓"分州定域"的政治地理和文化地理的基本观念的调整，已经表现出对东方地区经济文化优势的倾重。

 ## "东都"规划

王莽得到最高权力不久，就曾经宣布所谓"置五威司命，中城四关将军"的政治军事举措。关于"中城四关将军"的任命，《汉书·王莽传中》记载：前后左右"四关"，分别位于商洛山、太行山、崤山、陇山山地的"固"、"厄"、"险"、"阻"之处。其防卫的方向，分别为荆楚、燕赵、郑卫、戎狄。事实上，王莽以为政治统治最基本的根据地，已经并不仅仅是关中，在一定意义上可以说，也包括了河洛地区。

王莽又为先祖帝王修治陵园，七处致祭之地之中，仅一处在关西，其余所在地均在关东。也就是说，和秦王朝与西汉王朝不同，王莽新朝的神学体系，已经将祭祀重心转移到了东方。

关东地区经济地位的上升，使得最高统治集团不得不在当地寻求能够领导经济运行的都市，而洛阳自然成为首选。洛阳在历史上曾经据有相当重要的地

位。周公曾经营成周洛邑，"以此为天下之中也，诸
侯四方纳贡职，道里均矣。"（《史记·刘敬叔孙通列
传》）经过周代的长期建设，"洛阳街居在齐、秦、
楚、赵之中"，（《史记·货殖列传》）形成了优越的
经济地位。西汉时期，洛阳又因"当关口，天下咽
喉"，（《史记·滑稽列传》褚先生补述）"天下冲厄，
汉国之大都也"，（《史记·三王列传》褚先生补述）
受到特殊的重视。西汉以来，东方经济文化的发展，
使得洛阳又成为"富冠海内"的"为天下名都"。
（《盐铁论·通有》）王莽"于长安及五都立五均官"，
"五都"洛阳、邯郸、临菑、宛、成都，均位于关中以
外的地区，而"洛阳称中"。（《汉书·食货志下》）

王莽时代，还开始在洛阳经营所谓"东都"。

王莽始建国四年（公元 12 年），曾经正式宣布，
周王朝有东都、西都之居。现今受命，仍旧遵照周代
制度，其以洛阳为新室东都，常安为新室西都。于是
洛阳已经具有了与常安（长安）相并列的地位。第二
年，王莽又策划迁都于洛阳，也就是以洛阳取代长安，
使其成为唯一的正式国都。这一决定，曾经一时在长安
引起民心浮动，据史书记载，当时，长安城中百姓听说
王莽准备迁都洛阳，不肯修缮房屋，甚至有的不惜将原
有住宅拆毁。王莽于是借口以符命为根据，预定在三年
之后，即始建国八年，正式迁都于洛阳。宣布在此之前，
西都常安（长安）的城市建设，不能受到影响。

不过，历史上却没有出现所谓"始建国八年"，在
第二年，王莽就决定改元为"天凤"。天凤元年（公元

14 年）正月，王莽又宣示天下，要从二月起"行巡狩之礼"。这一"巡狩之礼"，将完成东巡、南巡、西巡、北巡，在北巡之礼完毕之后，就要将政治重心转移到"土中"，正式定居于"雒阳之都"了。也就是说，原定迁都于洛阳的时间表又将大大提前。

王莽"一岁四巡"的计划被大臣们以为不可行而提出反对。王莽于是又推迟了迁都洛阳的计划，迁都计划预定将在公元 21 年正式实施。

由于民众起义的迅速爆发和蔓延，王莽以洛阳为都的预定计划没有能够真正落实。但是洛阳的地位在这一时期仍然在上升。当时人对于严重威胁新莽政权的民间武装暴动，称作"百姓怨恨，盗贼并起"，"欲动秦、雒阳"。地皇三年（公元 22 年），在起义军威势日益壮大的情况下，王莽发军征抚东方，又以洛阳作为主要的指挥中心与后勤基地。在当时非常的战争形势下，实际上洛阳已经被赋予仅次于长安的另一政治军事中心的地位。

王莽的东都规划虽然并没有能够完全实现，但是在某种意义上仍然为东汉定都洛阳初步奠定了根基，为此后全国经济重心和政治文化重心的东移准备了必要的条件。

 6　新莽王朝的覆灭

王莽改制，在各方面推行的新的政策使原有的政治经济秩序受到摧毁性的冲击，然而又不能够建立起合理有效的新体制。官爵制度的变革，使得大批官吏竞为奸利，广收贿赂以自给。货币制度的变革，又使农商失业，食货俱废。经济结构的混乱无序，也致使整个社会面临严重的动荡。在社会上下一致反对的浪潮中，新莽王朝归于覆灭。

因为社会矛盾的普遍激化而引起的民众起义，则迅速蔓延扩展，震动全国，形成了导致新朝政权走向崩溃的社会洪流。

王莽面临军事危局，仓皇无定，不知所措。有人建议说，《周礼》和《左传》都说，国有大灾，则哭以厌之，《周易》也有有关的文字，不妨仿效古制，"呼嗟告天以求救"。王莽自知即将败亡，于是率群臣到南郊九庙，自述受符命而登基之前后经过，仰天呼叫："皇天既命授臣莽，何不殄灭众贼？即令臣莽非是，愿下雷霆诛臣莽！"又搥胸大哭，直至气绝，伏而叩头。又作千余言告天之策，自陈功劳，并且组织诸生小民早晚大哭，专门备以粥饭，恸哭最为悲哀以及能够诵念策文的，任用为郎，多至五千余人。

在反新莽大军逼近长安的时候，王莽组织城中囚徒出城抵抗。但是这支临时组成的部队刚刚行过渭桥，就一起哗变，并且掘毁王氏祖坟，烧其棺椁，又焚烧九庙、明堂、辟雍等礼制建筑。

十月戊申日这一天，绿林军从宣平门入长安。第二天，长安城中少年朱弟、张鱼等火烧作室门，斧研敬法闼，高呼："反虏王莽，何不出降？"皇宫已经受到直接的冲击。火势亦延及宫中。王莽到宣室前殿避火，大火熊熊紧随而至。他身着礼服，戴玺韍，手持虞帝匕首，占问时日的桉杙放置于前，时辰变换，座席随着斗柄转移。他说："天生德于予，汉兵其如予何？"这是袭用《论语·述而》中孔子的话："天生德于予，桓魋其如予何？"不过，王莽因为未能进食，体力渐渐不支。

庚戌日清晨，群臣搀扶着王莽登车，来到渐台，希望利用渐池之水阻挡绿林军。王莽仍然随身抱持符命、威斗。台上台下双方弓弩互射，矢尽，即短兵相接。王莽身边护卫都战死，绿林军冲上渐台。王莽被冲入宫中的商人杜吴杀死。新莽政权灭亡。

杜吴的"商人"身份，有人理解为商贾，也有人理解为商县（今陕西丹凤）人。

王莽生命的最后时刻，仍然以符命、斗柄自欺欺人。元代诗人顾嗣立的诗句"天定岂容人复胜，新莽犹然事符命；汉家王气满咸阳，空向渐台看斗柄"（《晓登昆阳故城》，《元诗选》初集卷一四），描写了当时情势。

王莽的首级后来被传送到起义军指挥中心，悬挂在宛城市中示众，百姓纷纷掷击，"或切食其舌"。（《汉书·王莽传下》）有人竟然切割他的舌头食用，也反映民众对于王莽往往心血来潮，反复无常、虚伪轻浮，"数变改不信"的政治表演的厌恶。

7　"复古"的失败

王莽在 68 年的生涯中，暴起暴落，进行了种种政治表演。对于王莽的政治行为，批评之说不绝于史，近年则又有人给予"改革家"的评价。如果我们调整视角，尝试以文化考察的眼光透视其人格特征，也可以获得有意义的发现。

王莽因篡汉而长期受到传统的文化舆论的否定。《汉书·王莽传下》称之为"篡盗之祸"。流传极广的蒙学课本《三字经》说："高祖兴，汉业建。至孝平，王莽篡。"清人编撰的《历代国号总括歌》也写道："汉能顺取治杂霸，新莽篡者旋灭亡。"事实上，当西汉王朝的衰落已经难以挽救时，期望新的政治形象、新的文化风格取而代之，以扭转危局，成为一种共同的心愿。王莽正是在这样的社会文化背景下结束了西汉王朝的统治的。

王莽曾经从名儒受《礼经》，"勤身博学"，在历

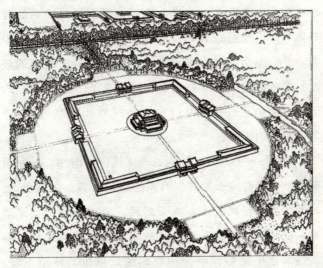

图八　王莽礼制建筑遗址复原

代新王朝的开创者之中，是极罕见的有较好文化素养的帝王。然而他似乎未能真正领会儒学文化的精髓，只是经常无聊地炫耀对于儒经的皮毛之见，于是起初因此而得势，不久又因此而败亡。《汉书·王莽传下》写道："昔秦燔《诗》《书》以立私议，莽诵《六艺》以文奸言，同归殊涂，俱用灭亡。"说秦时焚禁儒学经典，王莽则宣传儒学词句粉饰其"奸言"，两相比较，文化立场虽然表面看起来相反，却走向同样的结局。

王莽据说素好鬼神，迷信符命，政治行为又往往"伪稽黄、虞，繆称典文"，(《汉书·叙传下》)事事都要在圣王事迹和儒学经典中寻求根据，其政治文化立场表现出盲目复古的倾向，即"追监前代"，"专念稽古之事"。面对深重的社会危机，王莽执政之后，即期求发动社会改革，调整阶级关系。然而他所推行的是典型的托古改制。对于改革，他没有经过成熟的理论思考，也没有进行必要的理论说明，只是简单地附会古礼，模仿传说中古代圣王的制度。分田授田的规定，是依照孟子的"井田制"理想制定的。"五均六筦"政策的名号，也是以古文经《周礼》和《乐经》为依据提出来的。

《汉书·王莽传下》说，"及其窃位南面，处非所据，颠覆之势险于桀纣，而莽晏然自以黄、虞复出也。乃始恣睢，奋其威诈，滔天虐民，穷凶恶极，毒流诸夏，乱延蛮貉，犹未足逞其欲焉。是以四海之内，嚣然丧其乐生之心，中外愤怨，远近俱发，城池不守，支体分裂，遂令天下城邑为虚，丘垄发掘，害遍生民，辜及朽骨，自书传所载乱臣贼子无道之人，考其祸败，未有如莽之甚者也。"班固认为王莽败亡之惨痛，超过了历史记载所有的"乱臣贼子无道之人"。其行为"滔天虐民，穷凶恶极"，"颠覆之势险于桀纣"，然而却"晏然自以黄、虞复出也"。其言与行、宣传与行政、承诺与实践的反差，成为千古笑柄。班固说他不仅"慕古法"，而且"好空言"。这也是他迅速走向败亡的原因之一。

王莽政治行为的欺骗性，很早就有人予以揭露。《抱朴子》外篇卷四《诘鲍》写道："王莽奸猾，包藏祸心，文致太平，诳眩朝野，赆遗外域，使送瑞物。"指出"瑞物"之外来，其实是有意伪造的。所说史实，即《汉书·地理志下》："平帝元始中，王莽辅政，欲耀威德，厚遗黄支王，令遣使献生犀牛。"《汉书·王莽传上》王莽奏言："越裳氏重译献白雉，黄支自三万里贡生犀。"以为"太后秉统数年，恩泽洋溢，和气四塞，绝域殊俗，靡不慕义"的体现。然而《汉书·王莽传中》又说，"肇命于新都，受瑞于黄支"，来自黄支的"生犀"又成为暗示王莽"受命"，"当代汉有天下"的"德祥之符瑞"。其实，符瑞种种，本质上都是假造的虚言。白居易曾经说王莽之流"色仁行违，先德后贼"，"其初皆有动人之才，足以惑众媚主，莫不合于始而败于终也"。（《有木诗八首并序》，《白氏长庆集》卷二）所谓"先德后贼"，可以说比较敏锐地发现了这位政治人物的个性。所谓"王莽谦恭未篡时"的名句，（《白氏长庆集》卷一五《放言五首》之三）

更是人所熟知。"德"与"贼",是政治道德评价。如果以民间文化倾向作为评定的尺度,也可以看到王莽失败之必然。当起义军逼近长安时,王莽组织城中囚徒出城抵抗。但是这支临时组成的部队刚刚行过渭桥,就一起哗变,并且掘毁王氏祖坟,又焚烧九庙、明堂、辟雍等礼制建筑。王莽曾经"呼嗟告天"的庙堂被付之一炬,表现出民众对于这种政治宣传的反感和轻蔑。

8 躁扰・激发・数变改:
变法史上的教训

王莽在两汉之际进行的社会改革,其性质和意义,在历史上历来存有争议。但是,对于王莽改制有缓和社会危机的动机,人们的认识却是大致共同的。人们还都注意到,这一历史事变其兴也急骤,其败也急骤,前后不过十数年。就具体的改制的内容来说,也常常是旋立旋废,"制度烦碎","号令变易",反复无常。甚至地名的更改,也至于"岁复变更,一郡至五易名,还复其故。吏民不能纪,每下诏书,辄系其故名"。这样的频繁发布不同的指令,"又数变改不信"(《汉书・王莽传中》)的现象,看来也是和王莽的性格特征有一定关系的。《汉书・食货志下》说他"性躁扰,不能无为",《汉书・王莽传上》也说他"敢为激发之行,处之不惭恧",正可以说明这一情形。所谓"躁扰"、"激发"、"处之不惭恧",如果从正面理解,可以看作进取心和坚定性的表现。从另一角度看,则体现出王莽政治性格的轻率和偏执。

王莽因为"好变改制度，政令烦多"，具体行政的人，也无法对"前后相乘"复杂混乱的政令都做到一一明确无误。王莽本人也常常夜执灯火，通宵达旦，也不能够对自己颁布的法令做到完全熟悉。这就是《汉书·王莽传中》所说的，因为法令"前后相乘，愦秏不潒"，以致"（王）莽常御灯火至明，犹不能胜"。正是由于为政"烦扰"，"制度又不定"，（《汉书·食货志上》）使得新政的某些合理内容也成为不合理，于是激起了普遍的反抗。

当时反对王莽政权的人对新政的谴责，就代表了社会对政令变更过于频繁的不满。有人谋议举兵反抗新朝的统治，说："新室即位以来，民田奴婢不得卖买，数改钱货，征发烦数，军旅骚动，四夷并侵，百姓怨恨，盗贼并起，汉家当复兴。"（《汉书·王莽传下》）体现出"躁扰"、"烦扰"特征的所谓"数改钱货，征发烦数，军旅骚动"等现象，其实也是直接导致"百姓怨恨，盗贼并起"的原因之一。

王莽个人性格弱点对于行政的影响，在他成为最高执政者之后就没有人可以批评，没有人可以扭转。这一情形，也成为中国古代变法改革史上的教训。

六 北魏孝文帝"变俗""迁都"

公元5世纪，在经历频繁战乱，经济凋敝、民生艰辛的情势下，统治中国北方的北魏文明太后和孝文帝推行改革，相继于公元484年实行班禄制，于485年实行均田制，又于486年立三长制，强化了政权的统治效能，缓和了阶级矛盾和民族矛盾，使北中国经济、文化得以发展。公元495年，北魏迁都洛阳，又进一步加快了"汉化"或说"华化"的步伐。中国北方的民族融合和民族文化融合，出现了新的局面。

对中原"礼数""法禁"的尊重和学习

北魏孝文帝即位初，随着北方走向安定，北魏王朝在"武功"之后倾力"文治"。政策方向表现出对汉文化的尊重，公开承认接受汉文化影响的一些新的法制措施开始推行。有学者说，孝文帝拓跋宏"与他的前辈不同，武功虽不显赫，政治上却很有作为"。他所以成为"具有雄才大略的卓越人物",在于"在他的一生中,进行了一系列的改革活动",实现了史称孝文帝改革的历史进步。

北魏孝文帝改革的背景是民族文化关系的新形势。正如有的学者所指出的,"北魏在中原建立之后,所面临的最大问题即如何处理这一广大地区的民族关系,其中包含如何对待汉族的先进生产方式、汉族的文化问题。随着历史的发展和北魏统治者政治野心的增长,这一问题就愈益突出。是继续保存拓跋氏旧的社会制度和旧有的文化习惯,还是捐弃旧俗,接受先进的文化,在新的历史环境中获得新生,北魏的统治者必须作出抉择"。马克思在回顾民族史和民族文化史时,曾经指出:"野蛮的征服者总是被那些他们所征服的民族的较高文明所征服,这是一条永恒的历史规律。"(《马克思恩格斯选集》第 2 卷,第 70 页)北魏在孝文帝时代确定"走汉化的路",是顺应历史发展的方向的,"可以说是历史发展的必然。"(白寿彝总主编《中国通史》第 5 卷《中古时代·三国魏晋南北朝时期(上)》,何兹全主编,上海人民出版社,1995,第 317 页)

延兴二年(公元 472 年)二月乙巳诏肯定了孔子的崇高地位,并且使祭孔仪式规范化:"尼父禀达圣之姿,体生知之量,穷理尽性,道光四海。顷者淮徐未宾,庙隔非所,致令祠典寝顿,礼章殄灭,遂使女巫妖觋淫进非礼,杀生鼓舞,倡优媟狎,岂所以尊明神敬圣道者也!自今已后,有祭孔子庙,制用酒脯而已,不听妇女合杂，以祈非望之福。犯者以违制论。其公家有事，自如常礼，牺牲粢盛，务尽丰洁，临事致敬，令肃如也。牧司之官明纠不法，使禁令必行。"这道诏令，体现出对中原社会传统之文化优势的充分肯定。

太和元年（公元477年）八月，北魏王朝宣布确定汉地原有的"工商皂隶，各有厥分"的制度，体现出对汉制的继承。

太和二年（公元478年）五月，又颁布对婚丧礼俗加以约束的诏令："婚娉过礼，则嫁娶有失时之弊。厚葬送终，则生者有糜费之苦。圣王知其如此，故申之以礼数，约之以法禁。乃者民渐奢尚婚葬越轨，致贫富相高，贵贱无别，又皇族、贵戚及士民之家，不惟氏族高下与非类婚偶，先帝亲发明诏为之科禁。而百姓习常，仍不肃改。朕今宪章旧典，祗案先制，著之律令，永为定准。犯者以违制论。"（《魏书·高祖纪上》）

婚丧礼俗，是最明显地体现民族传统的文化现象。北魏王朝对中原"圣王"表示崇敬，对中原"礼数""法禁"取肯定、学习和沿承的态度，说明最高执政集团已经具有有意促成民族文化融合的清醒的政治理念。

据《魏书·高祖纪下》记载，太和十年（公元486年）至十一年（公元487元），是北魏文化风格自上而下全面汉化的现象比较密集的时段。十年，"春正月癸亥朔，帝始服衮冕，朝飨万国。""夏四月辛酉朔，始制五等公服。甲子，帝初以法服御辇，祀于西郊。"应当已经正式在朝廷礼仪中采用了中原汉服。"八月乙亥，给尚书五等品爵已上朱衣、玉佩、大小组绶。"官员舆服制度也有所完善。"九月辛卯，诏起明堂辟雍"。十一年，"春正月丁亥朔，诏定乐章非雅者除之"。音乐内容和形式也以中原传统的"雅"作为存废的尺度。十月又颁布了命令民间强化德义教育的诏书："乡饮礼废，则长幼之序乱。孟冬十月，民闲岁隙，宜于此时导以德义。可下诸州党里之内，推贤而长者，教其里人，父慈、子孝、兄友、弟顺、夫和、妻柔，不率长教者，具以名闻。"儒学宣传和儒学教育普及乡间每一个家庭。我们应当重视，这一要求，是拓跋族领袖提出的。

太和十三年（公元 489 年）七月，"丙寅，幸灵泉池，与群臣御龙舟赋诗而罢"。孝文帝受到中原文化影响的情形，可以充分反映。特别是就在这一月，"立孔子庙于京师"，表现出孔氏之学受到充分尊崇。

有学者认为，"到太和十五年（公元 491 年）孝文帝亲政时，北魏朝的汉礼仪制度基本完善，北魏的民族性质逐渐淡化，汉文化建设走上健康发展的道路"。（周建江：《太和十五年：北魏政治文化变革研究》，广东人民出版社，2001，第 58 页）这样的判断是正确的。

 改革吏治的制度化建设

北魏王朝政治体制的建设和政治体制的改革是同步进行的。主要方向，是采纳中原传统制度。

延兴二年（公元 472 年）五月诏："顷者州郡选贡多不以实，硕人所以穷处幽仄，鄙夫所以超分妄进。

岂所谓旌贤树德者也？今年贡举，尤为猥滥，自今所遣，皆门尽州郡之高，才极乡闾之选。"完善吏制的基础，选官制度的革新受到重视。十二月又颁布诏书，宣布遵照汉地传统，制定官吏考课制度。"诏曰：《书》云：'三载一考，三考黜陟。'顷者已来，官以劳升，未久而代牧守，无恤民之心，竞为聚敛，送故迎新，相属于路，非所以固民志，隆治道也。自今牧守温仁清俭，克己奉公者，可久于其任。岁积有成，迁位一级。其有贪残非道，侵削黎庶者，虽在官甫尔，必加黜罚。著之于令，永为彝准。"三年（公元473年）正月诏："县令能静一县劫盗者，兼治二县，即食其禄。能静二县者，兼治三县。三年迁为郡守。二千石能静二郡，上至三郡，亦如之。三年迁为刺史。"这是更明确更直接的表彰奖励能吏的制度。

延兴五年（公元475年）二月，再一次"诏定考课明黜陟"。按照儒学经典提出的吏治原则加以明确的考察和"黜罚"制度，体现出北魏的吏治走上了一个新的阶梯。而这一进步，是学习汉家政治体制而实现的。

太和二年（公元478年）十一月颁布了这样的诏书："悬爵于朝，而有功者必縻其赏。悬刑于市，而有罪者必罹其辜。斯乃古今之成典，治道之实要。诸州刺史，牧民之官，自顷以来，遂各怠慢，纵奸纳赂，背公缘私，致令贼盗并兴，侵劫滋甚，奸宄之声，屡闻朕听。朕承太平之运，属千载之期，思光洪绪，惟新庶绩，亦望蕃翰群司敷德宣惠，以助冲人，共成斯美。幸克己复礼，思愆改过，使寡昧无愧于祖宗，百姓见德于当世。有司明为条禁，称朕意焉。"以儒学"克己复礼"的原则，劝导官吏改过。其中"古今之成典，治道之实要"的宣传，非常明朗地宣示了全面继承中原执政传统的决心。太和五年（公元481年），"三月辛酉朔，车驾幸肆州。癸亥，讲武于云水之阳。所经考察守宰，加以黜陟"。这是以亲自实行地方官吏监察为任务之一的出巡。最高执政者亲自对地方行政进行视察，"考察守宰，加以黜陟"，决心改善吏治的力度得以显现。

太和七年（公元483年）春正月，又诏告天下："朕每思知百姓之所疾苦，以增修宽政，而明不烛远，实有缺焉。故具问守宰苛虐之状于州郡使者、秀孝、计掾，而对多不实，甚乖朕虚求之意。宜案以大辟，明罔上必诛。然情犹未忍，可恕罪听归。申下天下，使知后犯无恕。"（《魏书·高祖纪上》）可知对吏治清明的向往，在于"以增修宽政"。所谓"具问守宰苛虐之状于州郡使者、秀孝、计掾"等具体措施，也可以说是细致周到。

太和八年（公元484年）六月，北魏正式推行班禄制度，结束了官吏自行盘剥民间以取得生活消费资料的游牧族传统制度。诏书宣布："置官班禄，行之尚矣。《周礼》有食禄之典，二汉著受俸之秩。逮于魏晋，莫不聿稽往宪，以经纶治道。自中原丧乱，兹制中绝。先朝因循未遑厘改。朕永鉴四方，求民之瘼，夙兴昧旦，至于忧勤，故宪章旧典，始班俸禄。罢诸商人，以简民事。户增调三匹，谷二斛九斗，以为官司之禄。均预调为二匹之赋，即兼商用，虽有一时之

烦，终克永逸之益。禄行之后，赃满一匹者，死。变
法改度，宜为更始。其大赦天下，与之惟新。"这一制
度的郑重推行，使得北魏官吏制度走向完备。九月，
又诏令："俸制已立，宜时班行。其以十月为首，每季
一请，于是内外百官受禄有差。"（《魏书·高祖纪
上》）太和十年（公元486年）十一月，"议定州郡县
官依户给俸"。班禄制的具体内容又得以完善。

也就在这一年，基层行政管理制度全面沿用了汉
地传统方式。"二月甲戌，初立党里邻三长，定民户
籍"。（《魏书·高祖纪下》）党长、里长、邻长"三
长"，作为社会基层组织的行政人员，开始施行管理职
能。

 ## 3 迁都洛阳

太和九年（公元485年），颁布实行均田制度的诏
书："朕承干在位十有五年，每览先王之典，经纶百
氏，储畜既积，黎元永安。爰暨季叶，斯道陵替。富
强者并兼山泽，贫弱者望绝一廛。致令地有遗利，民
无余财。或争亩畔以亡身，或因饥馑以弃业。而欲天
下太平，百姓丰足，安可得哉？今遣使者，循行州郡，
与牧守均给天下之田，还受以生死为断。劝课农桑，
兴富民之本。"（《魏书·高祖纪上》）均田制的实行，
宣告北魏王朝的行政管理已经因汉化而达到了相当成
熟的水准。

文明太后和孝文帝主持的变法受到的守旧贵族的

阻力相当大。元丕的表现可能是比较典型的。《魏书·神元平文诸帝子孙列传·东阳王丕》写道："丕雅爱本风，不达新式，至于变俗、迁洛、改官制服，禁绝旧言，皆所不愿。高祖知其如此，亦不逼之。但诱示大理，令其不生同异。至于衣冕，已行朱服列位，而丕犹常服，列在坐隅。晚乃稍加弁带，而不能修饰容仪。高祖以丕年衰体重，亦不强责。"元丕对于草原游牧生活旧习深心"雅爱"，而"不达新式"，对于改制的举措，"皆所不愿"。如逯耀东先生分析："元丕死在景明四年（公元 504 年），年八十二，迁都时他已是七十开外的人。他是一个对草原文化有浓厚感情的人，所谓'博记国事，飨燕之际，恒居坐端，必抗音大言，叙列既往成败'。历仕五朝，在当时政治上有一定的影响力。在这些旧势力钳制下，既然无法展开既定的改革计划，摆脱这种约束最好的办法，就是离开他们。所以孝文帝藉南征而离开平城，到达洛阳以后，又经过一次戏剧性的演出，然后才定迁都之计……"（逯耀东：《从平城到洛阳——拓跋魏文化转变的历程》，联经出版事业公司，1979，第 108 页）

孝文帝执政后坚持变法的最重要的举措，就是迁都洛阳。

《魏书·高祖纪下》记载：太和十七年（公元 493 年）九月，"庚午，幸洛阳。周巡故宫基址。帝顾谓侍臣曰：'晋德不修，早倾宗祀，荒毁至此，用伤朕怀。'遂咏《黍离》之诗，为之流涕。壬申，观河桥，幸太学，观石经。……丙子，诏六军发轸。丁丑，戎服执鞭，

115

御马而出。群臣稽颡于马前，请停南伐。帝乃止。仍定迁都之计。"太和十九年（公元495年），正式迁都洛阳。

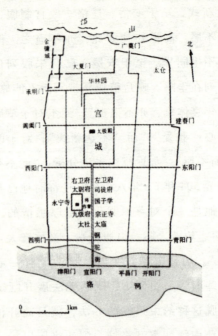

图九　北魏洛阳城

按照《魏书·李冲传》的说法："高祖初谋南迁，恐众心恋旧，乃示为大举，因以协定群情。外名南伐，其实迁也。旧人怀土，多所不愿，内惮南征，无敢言者。于是定都洛阳。"这就是所谓"一次戏剧性的演出"。

迁都洛阳之后，孝文帝诏令："迁洛之民死葬河南，不得还北。于是代人南迁者悉为河南洛阳人。"（《魏书·高祖纪下》）以久为"天下之中"，有累代中原王朝丰厚文化积累的洛阳地方作为统治中心，显示了拓跋贵族中的新兴力量靠拢中原文化，接受中原文化的决心。

北魏王朝以"汉化"为特征的变法改制运动，因孝文帝迁都洛阳的举措走向了高潮。

 均田制·三长制

为了促进生产，迅速改进农耕业的落后状况，"务尽地力，使农夫外布，桑妇内勤"，（《魏书·高祖纪下》）另外，在"时民困饥流散，豪右多有占夺"（《魏书·李安世传》）的形势下，又为了与豪族地主争夺人口和土地的实际控制权，北魏孝文帝在公元485年开始推行"均田制"。

"均田制"规定了这样的内容：

（1）男子15岁以上，授给露田40亩，桑田20亩，妇女授露田20亩。露田不得买卖，身死或年满70岁归还官府。桑田则永远为个人所有，不须归官。不宜种桑之地，男子给麻田40亩，妇女5亩。

（2）奴婢和耕牛参与授田。奴婢按照一般农民规格授田，耕牛每头授田30亩，限4头牛。

（3）田地缺乏的地区，允许农民"逐空荒"，迁往他郡。

（4）犯罪流徙户和绝户，其土地归国家所有，作均田授田用。

（5）地方官吏按职位高低，授给公田。刺史15顷，郡丞、县令6顷。公田不得买卖。

在颁布"均田制"的同一年，又宣布施行"三长制"。

"三长制"规定，5 家为邻，5 邻为里，5 里为党，各立有威望者为邻长、里长、党长。这一制度代替了原先的宗主都护制，使"民多隐冒，五十、三十家方为一户"的情形得以改变。"三长制"遭到荫庇大量人口的汉族大地主的激烈反对。当时掌握朝政的文明太后认为："立三长，则课有常准，赋有恒分，苞荫之户可出，侥幸之人可止，何为而不可！"（《魏书·李冲传》）予以坚定的支持，于是能够继续推行。

和"均田制"和"三长制"相辅相成的还有新的租调制，规定一夫一妻出帛一匹，粟二石，其他人口和耕牛，依此类推。家庭作为纳税单位，民众负担有了规范。据说，"施行后，计省昔十有余倍，于是海内安之"。（《魏书·食货志》）

北魏孝文帝在社会经济领域的改革显现出成效。一部分农民获得了土地，生产积极性提升起来。大地主的兼并受到一定程度的抑制。北魏朝廷大为头痛的流民问题和粮食问题，都得到缓解。（参看白寿彝总主编《中国通史》第 5 卷《中古时代·三国魏晋南北朝时期（上）》，何兹全主编，上海人民出版社，1995，第 324～327 页）

 "往宪"和"旧典"

北魏孝文帝的变法改革，是动力强劲的政治行为和文化行为。这一运动要克服"恋旧"的"本风"，冲决传统的束缚。正如逯耀东先生所说，"孝文帝为实现自己的理想，曾付出很高的代价"，他因此"放弃自己文化传统，接受另一种意识形态。完全放弃自己文化传统，投入另一种文化之中，就自己文化的本身而论，总是可悲的"。（《从平城到洛阳——拓跋魏文化转变的历程》，第135页）

我们看到，孝文帝为了抗击变法的反对派，使用过多种灵活的政策和策略。中国传统的"托古改制"的改革方式，也为他所借用。

孝文帝太和八年（公元484年），在作为整顿吏治的宣言的《置官班禄诏》中，提出"《周礼》有食禄之典，二汉著受俸之制"，决心效法古制，"聿稽往宪"，"宪章旧典"，以古人成功的政治原则"经纶治道"。在颁布均田令的诏书中，开篇也这样说道："朕承乾在位，十有五年，每览先王之典，经纶百氏，储蓄既积，黎元永安。"（《魏书·高祖纪上》）

在孝文帝的正式的政治文告中，频繁出现所谓"远遵古典"、"思遵远古"、"远遵古式"等文辞，显然，他推行的"惟新"事业，在宣传形式上仍然遵循着"依古"的原则。

给事中李冲上言建议"宜准古"而立"三长制"，并调整租调，孝文帝从之，诏书宣称："夫任土错贡，所以通有无；井乘定赋，所以均劳逸。有无通则民财不匮，劳逸均则人乐其业，此自古之常道也。"（《魏书·食货志》）所谓"自古之常道"，被看作实行改革的不需要论证的理论依据。其中说到的"井乘定赋"，是指

《周礼·地官·小司徒》中所谓"九夫为井",计"井"出贡赋税敛的制度。

迁都洛阳并进而革除鲜卑旧俗,是孝文帝改革中受到鲜卑贵族最坚决抵制的措施。孝文帝又托庇先君以力排众议。当时诏告群官曰:"昔平文皇帝弃背率土,昭成营居盛乐,太祖道武皇帝神武应天,迁居平城","卿等当奉先君令德,光迹洪规。"(《魏书·神元平文诸帝子孙列传·东阳王丕》)

不过,我们常常可以看到,改革派以"托古改制"作为策略手段,往往不足以有力驳斥反对派的诘难和攻击。

于是,双方常常各引经据典,长久陷入无休止的无谓争辩中。

保守派本质上是严格恪守古训的,因而在论战中理所当然地占据优势。而改革派既要维护新法,又要逢迎古制,强自辩说,往往不免陷于困窘。

例如,北魏孝文帝为了顺利推行改革,决心迁都洛阳,议此事时,曾经举"昔平文皇帝弃背率土,昭成营居盛乐,太祖道武皇帝神武应天,迁居平城"史例,提出"今代在恒山之北,为九州之外,以是之故,迁于中原"。而反对迁都的燕州刺史穆罴则进言说:"臣闻黄帝都涿鹿,以此言之,古昔圣王不必悉居中原。"孝文帝只得说:"黄帝以天下未定,居于涿鹿,既定之后,亦迁于河南。"(《魏书·神元平文诸帝子孙列传·东阳王丕》)

这样的回答,显然苍白无力,不足以辩驳反对派的诘难。

七　"中国 11 世纪的改革家" 王安石的事业

　　在北宋神宗时代积极推行新政的王安石，曾经被列宁称为"中国11世纪时的改革家"（《修改工人政党的土地纲领》，《列宁全集》第10卷第152页注②）。王安石主持变法10余年，"每项得到实施的新法在推行之后，全都在农业生产，或政府的财政收入，或社会经济的其他方面，收到或大或小的积极效益"。（邓广铭：《北宋政治改革家王安石》，人民出版社，1997，第284页）王安石虽然后来因守旧派的合力反扑最终退出政坛，新法多被废黜，但是变法促进生产发展，扭转宋朝积贫局势的效益还是十分明显的。就变法内容本身的利弊得失而言，也可以具体分析。梁启超曾经如此评论"新政之成绩"："荆公之新政，为成乎？为败乎？其不能具谓之成，无待言也。何也？以其效果往往不如所豫期也。虽然，具谓之败焉不得也。何也？彼行之诚不免有流弊，然为救时之计，利率逾于病也。"（《王安石传》，海南出版社，1993，第154页）

理财兴农新法

王安石制定和推行的新法，核心内容在于经济方面，都是努力贯彻实现他所提出的"为天下理财"主张的措施。所谓"为天下理财"，就是致力于"因天下之力以生天下之财"的理念，以提高社会经济水准，增强国力，改变积贫积弱的局势。

为了限制日益猖獗的豪强高利贷，使农民在青黄不接或遭遇荒年时不至于过于苦痛，王安石调整常平仓的管理方式，推行"青苗法"，其动机，据说"不忍贫民而深疾富民，志欲破富民以惠贫民"，（《栾城集》三集卷八《诗病五事》）"亦先王散惠兴利，以为耕敛补助，哀多补寡而抑民豪多之意也"。（《宋会要辑稿·食货》四之一六）"青苗法"的推行，使得民间借贷方式，实际上从缙绅之士手中转而为政府所控制。但是，青苗钱确实"相对地成为低利息的借贷了"，（漆侠：《王安石变法》（增订本），河北人民出版社，2001，第126页）王安石"以其息专赈济凶年，即凶年可使熟户常保其土田，不为大姓兼并"（《续资治通鉴长编》卷二三二"宋神宗熙宁五年"）的设想基本实现了。

差役制度改革，以"免役法"的推行为标志。改革体现于以出钱免役的方式使减轻应役农民的负担。据马端临说："介甫之行新法，其意勇于任怨，而不为毁誉所动。然役法之行，坊郭品官之家尽令输钱，坊场酒税之人尽归助役。故士夫豪右不能无怨，而实则农民之利。此神宗所以有'于百姓何所不便'之说。"（《文献通考》卷一二《职役考一》）看来，这是一种令差役负担合理化的制度，使农民确实得到了好处，于农耕生产秩序的稳定，也是有益的。北宋王朝也因"扩大了赋敛征收面，得到大宗的役钱，其剩余部分也成为国库中一笔重大项目"。（漆侠：《王安石变法》（增订本），第138页）

于熙宁五年（1072年）公布的"方田均税法"，旨在清丈地亩，杜绝漏赋，均定田税。土地清丈后田税的重新均定，压抑了豪强的兼并，有利于占有少量土地的农人，在一定意义上刺激了生产者的积极性，有助于社会经济的进步。梁启超说："此盖当时调查土地整顿赋役之一政策。""言理财者所首当有事也。""言地税者称此法最善焉"。（《王安石传》，第97页）亦有学者赞誉"此法诚一利国惠民之善法也"。（帅鸿勋：《王安石新法研述》，正中书局，1973，第193页）这样的评价，是符合事实的。

"均输法"的推行，意在追求国家运输行为的合理化，"徙贵就贱，用近易远"。（《文献通考》卷二〇《市籴考一》"均输市易和买"）这项改革，确实也取得了"民以为便"、"兵食有余"（《宋史·食货志·漕运》）的收效。

 省兵置将新法

北宋王朝募养军队常年在百万以上。养兵耗费甚多，而军队中多有"未尝闻金鼓、识战阵"者，"生于无事而饱于衣食也，其势不得不骄惰"。许多军人，其实是"终身骄惰而窃食"者。（欧阳修：《文忠集》卷五九《原弊》）

王安石变法的内容包括"将兵法"，这是参考了在与西夏战争中的成功经验所制定推行的新的军事体制。"将兵法"的特点，是将正规军分别由固定的将官负责统领，并进行严格的教练。首先在长期"不分将教习"的河北四路进行试点之后，逐步在各路分派将官和副将。熙宁七年（1074 年）九月，"开封府界、河北、京东西路，置三十七将、副，选尝经战阵大使臣专掌训练"。"又以河北兵教习不如法缓急不足用奏乞于陕西选兵官训练"（《续资治通鉴长编》卷二五六"宋神宗熙宁七年"）。这一方式又进一步向更广阔的行政区域推广。

尽管遭到保守派中不少人的激烈攻击，然而在王安石离开政坛之后，至元丰四年（1081 年）和元丰五年（1082 年），"将兵法"依然继续向东南诸路淮南、江南、两浙、湖广等地推行。可见这一根据西北地方抵御西夏战争实践经验总结出来的合理制度，确实对于提高军队作战实力，是表现出了成效的。

推行"义勇保甲"制度也是王安石变法扭转军队"骄惰"、不堪御敌情形的方式之一。

这一制度的突出作用，是加强了地方治安力量，有益于控制基层社会，整肃秩序。王安石说："义勇保甲为正、长，须选物力高强，即素为其乡间所服，又不肯乞取、侵牟人户。"(《续资治通鉴长编》卷二三五"宋神宗熙宁五年")强调这一制度依靠的是"物力高强"者，也就是有经济实力的地方"乡闾"民众首领，即地主富户。可见"保甲法"的实质，是强化北宋王朝的执政基础。

不过，"保甲法"推行的更重要的用意，在于省兵、强兵。王安石说："今所以为保甲，足以除盗。然非特除盗也，固可渐习其为兵。既人人能射，又为旗鼓变其耳目，渐与约免税、上番、代巡检下兵士。又令都副保正能捕贼者奖之，或使为官，则人竞劝。然后使与募兵相参，则可以消募兵骄志，省养兵财费，事渐可以复古。此宗庙长久计，非小事也。"(《续资治通鉴长编》卷二二一"宋神宗熙宁四年")

古来兵制的改革，经历了曲折的过程。在秦汉魏晋南北朝时期，兵役制有征兵制、谪兵制、募兵制、世兵制以及发奴为兵制等多种形式。西魏宇文泰创始的府兵制，曾经是一种适应当时社会需要的兵制，经历北周、隋、唐初期，通行约200年。早期府兵制仍然具有鲜卑部落兵制的特点，一人充当府兵，全家即编入军籍，不属州县。隋文帝开皇十年（公元590年），颁布了进行兵制改革的诏令："兵士军人，权置坊府，南征北伐，居处无定，家无完堵，地罕包桑，恒为流寓之人，竟无乡里之号。朕甚愍之。"于是宣布："凡是军人，可悉属州县，垦田籍帐，一与民同，军府统领，宜依旧式。罢山东河南及北方缘边之地新置军府。"(《隋书·高祖纪下》)这一改革，标志着兵农合一的完成，有的学者认为，其具有划时代的意义。唐代府兵制征发的对象，主要是均田农民。唐代中期以后，随着均田制的逐渐破坏，府兵制失去了赖以实行的经济条件。在唐玄宗统治的初期，战事频繁，兵役繁重，府兵逃散的情形日益增多。于是，从府兵制转向募兵制的兵制改革具备了实现的条件。唐玄宗开元十年（公元722年），宰相张说以宿卫之数不给，建议招募强壮从军。第二年，就在今陕西关中地区京兆、蒲、同、岐、华等地募取府兵及白丁，为"长从宿卫"，分隶12卫，大体代行了府兵宿卫的任务。唐玄宗初年，军镇还出现了来自招募的"健儿"。开元二十五年（公元737年），唐玄宗又下诏命令诸镇节度使按照防务需要制定定额，招募自愿长住镇戍的"健儿"（又称"长征健儿"、"长行健儿"、"兵防健儿"），"便令常住"。二十六年（公元738年），又下诏说诸军招募的"长征健儿"业已足额，以后不再从内地调发，原有兵士非长征者一律放还。于是以法令形式停止了调发府兵征防。天宝八载（公元749年），停折冲府上下鱼书，府兵制至此终于废止。这种改革使招募制的雇佣兵、职业兵代替了传统征兵制的义务兵。这是中国军事体制发展史上的一件大事。

然而到了王安石的时代，募兵制的严重弊病已经显现。熙宁二年（1069年）闰十一月十九日在与宋神宗的对谈中，王安石说："募兵之害，终不可经久。"施行募兵制度雇佣来的兵士，"皆本无赖奸猾之人"。（《晦庵集》卷八三《跋王荆公〈进邺侯遗事奏稿〉》

转引《熙宁奏对日录》）他有意以"民兵"即"以农为兵"（《续资治通鉴长编》卷二二一"宋神宗熙宁四年"）作为改革军制的重要步骤。"今为募兵者，大抵皆偷惰顽猾不能自振之人。为农者皆朴力一心听令之人，则缓急莫如民兵可用。"（《宋史·兵志六》）而"保甲法"的推行，正是一项重要的程序。正如邓广铭先生在《北宋政治改革家王安石》中所说："把王安石有关保甲法的全部言论举措综合来看，大家可看出，王安石之所以要仿效商鞅推行什伍法，主要还是因为，施行此法可以使得'兵众而强'，'可以致治强'，能够'宿兵而藏诸用'的缘故。王安石的改革军队素质，节省'养兵'耗费，革除募兵积弊，使全国壮丁半皆习战以扩大战士数量，制服西夏、契丹而在汉唐两代的规模上再度实现全中国的统一事业，这种宏伟战略设想，也是与推行保甲改革军事制度紧密联系起来的。"（人民出版社，1997）

3 励学选官新法

王安石推行了一系列整顿和调整官僚机构的措施，令司农寺和都水监担当应当承担的职能，"发运司因均输法的执行而扩大了自己的职权。兵部在接管了保甲后，也就不是一个光保管军队花名册子的机关"。"此外，还根据实际的需要，设置了市易司、军器监等机构"。（漆侠：《王安石变法》（增订本），第97~98页）北宋王朝当时还裁撤了若干州县建制，又调整了下级官吏的薪俸。又打破按资历升迁的常规，重视提拔下层官员参与高级政议。这些改革，被看做"神宗董正治官"（〔宋〕洪迈：《容斋三笔》卷一六《医职冗滥》）的成就。

针对科举考试的弊病，王安石也提出了改革的措施，对于太学和州县之学也有所整顿。王安石又开创了武学、律学和医学专科教育。梁启超曾经评价说，这项改革，在教育进步的历程中有非常重大的意义，应当看作中国学术史的光荣："至其大学，以校诸近日欧美各国，虽未可云备，然观其有律学医学等科，与经学并重，则是分科大学之制，实滥觞于是，其起原视英之阿士弗大学为尤古矣。使非中道废弃，能继续其业以至今日，则岂不足以自豪于世界耶！然即此昙花一现，已足为我国学术史之光矣。"（梁启超：《王安石传》，第126页）也有学者指出，"按安石兴建学校之最大特色，即为以武学、律学、医学等与经学并重，俨具分科之雏形，此种学制，在我国古代实属创见，诚为我国学术史上之奇葩也。""安石有关教育之措施，是多方面扩充以加强学校教育，并使学校教育与用人行政相配合，以达'学以致用'之目的"。（帅鸿勋：《王安石新法研述》，第255～256页）这种理念对于教育史和行政史，有双重的进步意义。

 "三不足"精神

当时人对王安石推行新法的果敢无畏，曾经流行所谓"三不足"之说，这就是"天命不足畏，祖宗不足法，人言不足恤"。（《宋史·王安石传》）宋神宗曾经当面询问王安石，问他是否知道"三不足"之说。王安石虽然给予否定的答复，然而就此所阐述的自己的基本的政治倾向，其原则却又是与"三不足"说大致相合的。

图十　王安石像

于是，肯定王安石变法的人们以为"三不足"之说可以反映王安石的坚毅个性和斗争精神，又可以作为体现新政风格的口号。而反对王安石变法者也以所谓"三不足"为攻击的主要目标。

有人说，王安石用事，"同朝起而攻之"，王安石"辟众论进言于上曰：天变不足畏，祖宗不足法，人言不足恤"。论者以为："此三句非独为赵氏祸，乃为万世祸也。""人主之势，天下无能敌者。或有过举，人臣欲回之，必思有大于此者巴揽之，庶几可回也。今乃教人主使不畏天变，不法祖宗，不恤人言，则何事不可为也？"（〔宋〕朱子纂集《宋名臣言行录》后集卷十二《刘安世》）以为"三不足"将使得最高执政者拥有"何事不可为也"的无上权力。

吕中撰《宋大事记讲义》卷一五《神宗皇帝》有"三不足之说"条，其中写道：上谕安石曰："闻'三不足'之说否？"安石曰："不闻。"上曰："陈荐言外人云，今朝廷以为'天变不足惧，人言不足恤，祖宗不足法'。"关于"三不足"的另一种表述是，宋神宗问王安石："闻有'三不足'之说否？"王安石答道："不闻。"宋神宗说："陈荐言外人云，今朝廷以为'天变不足惧，人言不足恤，祖宗法令不足守作'。"（〔宋〕徐自明：《宋宰辅编年录》卷七"神宗熙宁二年"）

吕中说："安石三不足之说，已露于读吴申奏疏之时。然三者亦有次第，盖其始也，不决于前朝之政事，则为祖宗不足法也。其中也，不决于贤人君子之议论，则以人言为不足恤，其后，变形于上，则又以为天变不足惧。此言非独一时祸，万世乱也。"（〔宋〕吕中：《宋大事记讲义》卷一五《神宗皇帝》"三不足之说"条）看来，"三不足"可能的确不是王安石的原话，应为反对者所作夸张性的总结。但是所表现的基本思想，是符合王安石变法的主体精神的。至于"此言非独一时祸，万世乱也"的说法，与前引"此三句非独为赵氏祸,乃为万世祸也"是完全一致的,都指出了变法主持者破除传统的精神,表现出对古来长久延续的政治文化定制的否定。

 ## "先王之法"和"先王之政"

虽然王安石变法的反对者攻击王安石"祖宗不足法"的思想将"为万世乱","为万世祸",但是,王安石变法同历史上许多次改革维新一样,都表现出尊重传统的文化倾向。我们在王安石阐述变法主张的主要文件中,几乎随处都可以看到有关崇颂"先王"和"先王之法"的文字。褒扬朝臣,即称美其"以古之道治天下";(《王文公文集》卷二《上相府书》)批评时弊,也指责其"不合乎先王之政"。希望主上能够效法"二帝三王"(即尧、舜、禹、汤、周文王)、"三王三代"(即禹、汤、周文王)(《王文公文集》卷三《上运使孙司谏书》)处世行政,"应法其意"。他认为,所谓变法革新,"改易更革天下之事",其根本宗旨,仍然是要求"合于先王之意"。(《王文公文集》卷一《上皇帝万言书》)

王安石变法时,确实曾经用心在古制中寻求依据。他撰著《周官新义》,以注解《周礼》的形式,宣扬自己的变法思想,"举先王之政,以兴利除弊"。(《王文公文集》卷八《答司马谏议书》)写于1059年的《上皇帝万言书》,提出了改革朝政的基本纲领,为 10 年后的变法运动做了舆论准备。其中,反复提到了所谓"合乎先王之政","法于先王之道","合于先王之道"。王安石强调"趋先王之意"的重要,尤其主张"法其意",以为"法其意,则吾所改易更革,不至于倾骇天下之耳目,嚣天下之口"。显然,他首先考虑的,主要是宣传效应。但是,对立的保守派却更鲜明地提出应当"谨守祖宗之成法",(《司马温公文集》卷三《进五规状·惜时》)"祖宗法制具在,不须更张"(《续资治通鉴长编》卷二二一载文彦博语)的原则,步步紧逼,论争激烈持久,多次形成短兵相接的局面,后来王安石两次被迫离开相位,新法最终被废除。

6 "井田"梦想

"井田制",是中国古代的一种土地制度。"井田"一语,最早见于《谷梁传·宣公十五年》。其中说道:"古者三百步为里,名曰'井田'。"《孟子·滕文公上》记载,滕文公使毕战问"井地",孟子作了解释。这里所说的"井地",也就是"井田"。对于"井田"的具体形制,历来有许多不同的解释。一般认为,"井田制"大致可分为 8 家为井而有公田以及 9 家为井而无公田两种。

20 世纪 20 年代,胡适曾经著文《井田辨》,提出"井田"的均产制,是战国时代的乌托邦,战国以前,从来没有人提及古代的"井田"之制。对这一说法,学界多以为疑古太过。实际上，"井田"的文字遗存虽然年代较晚，但是从许多现象分析，中国古代确实曾经存在过这样的田制。"井田制"是由原始氏族公社土地公有制发展演变而来的，既体现出新生的私有制因素，也保留着较多的公有制成分。它的基本特点，是实际耕作者对于土地只有使用权，没有所有权。土地在一定范围内实行定期平均分配。因为对夏、商、周三代的社会性质存在不同的认识，因此对"井田制"的性质的认识也有分歧。但有一点各家的认识是大致相同的，这就是都承认"井田"所联系的社会组织的内部，表现出由公有向私有过渡的特征，都承认"井田"的存在，是以土地一定程度上的公有为前提的。随着土地私有制的出现和普及，"井田制"开始在新田制的冲击下动摇。春秋时期，晋国"作爰田"，鲁国"初税亩"，都是在事实上承认土地私有制普遍存在的基点上实现的土地制度的改革。战国时期，商鞅在秦国推行变法，实行"为田，开阡陌"的制度，已经以法令形式全面否定了原有的土地所有关系。大约在这一时期，"井田制"终于彻底瓦解。

秦汉以后，虽然实行"井田制"的社会条件已经不再具备，但是其均分田土共同耕作的平等平均的方式，对社会的影响非常深远。所以一旦社会危机集中表现在土地问题上时，人们就往往回想起"井田制"。汉代董仲舒、师丹等人提出的"限田"主张，王莽实行的"王田"设想，西晋实行的"占田制"，北魏及隋、唐时期实行的"均田制"等，也都与"井田"土地平均思想有一定的渊源关系。

北宋时期，社会矛盾极其尖锐，豪强兼并土地，使贫民丧失基本生产生活条件的现象成为导致社会危局的主要因素之一。当时，具有改革意识的思想家李觏针对这样的社会问题，提出了平均土地，恢复周制"井田"形式的主张。他在《平土书序》中写道："法制不立，土田不均，富者日长，贫者日削，虽有耒耜，谷不可得而食也。食不足，心不常，虽有礼义，民不可得而教也。"土地制度没有合理的规范，田地所有太不均衡，富家的土地越来越多，贫民的土地越来越少，于是生产受到影响，经济难免凋敝，民众困于饥饿，"礼义"当然也是没有办法普及的。李觏说，在这样的形势下，即使尧、舜重新出现，又能够怎么样呢？"故平土之法，圣人先之"。他说，夏、商以前的"井田"制度，传说过于简略，"备而明者，莫如周制"。自商鞅"废井田，开阡陌"，至今已经数百千年，现在已经很少有人能够说清楚当时的制度了，但是"古之行王政，必自此始"。他充满自信地写道："儒有欲谈三王，可不尽心哉！抑焉知其不复用也？"儒者崇尚"三王"时代的制度，应当"尽心"于"井田"，又怎么知道这一古制不能在今天重新推行呢？他甚至依据《周礼》、《司马法》以及《礼记·王制》等先古典籍，对"井田制"进行详细的"条辩"，并且绘制了各种图样，提出了依照"井田制"来推行所谓"平土"的具体方案。他在《潜书十五篇》中，有自称"愤吊世故，警宪邦国"的文字，就世情之不平抒发感慨，也说到了土地制度问题。他写道："吾民之饥，不耕乎？曰：天下无废田。吾民之寒，不蚕乎？曰：柔桑满野，女手尽之。然则如之何其饥且寒也？曰：耕不免饥，蚕不得衣；不耕不蚕，其利自至。耕不免饥，土非其有也；蚕不得衣，口腹夺之也。钜忧未干，喉不甘矣；新丝出盎，肤不缝矣。钜产宿财之家，谷陈而帛腐；佣饥之男，婢寒之女，所售弗过升斗尺寸。呜呼！吾乃今知'井地'之法，生民之权衡乎！'井地'立则田均，田均则耕者得食，食足则蚕者得衣，不耕不蚕不饥寒者希矣。"他推崇的"井地之法"，其实是一种理想的通过均田以均贫富的制度。所谓"田均则耕者得食，食足则蚕者得衣"的意愿，当然是合理的，但是，在土地私有制度久已得到巩固的当时，复古以恢复"周制""井地之法"的设想，是根本不可能实现的。

李觏长王安石 11 岁，又同是江西人，同样具有改革思想。王安石在《答王景山书》中写道："李泰伯（李觏）某与纳焉。"可见相互间曾经有过交往。李觏的学生邓闰甫还直接参加过王安石变法。胡适《记李觏的学说》一文中说，李觏是"一个不曾得君行道的王安石"，"是王安石的先导"。这样的分析，是有一定根据的。

王安石在担任下级官吏时，深心痛疾土地兼并的严重，也曾经表示："我尝不忍此，愿见'井地'平。"（《临川先生文集》卷一二《发廪》）

当时还有一些思想家也曾经提出恢复"井田制"

的主张。例如程颢曾经"言井田",他以为,"今取民田,使贫富均,则愿者众,不愿者寡",(《二程全书》卷一〇《洛阳议论》)建议"宜限民田令如古'井田'"。(《续资治通鉴长编》卷二一三)他在给宋神宗上《治法十事》中,即以行"井田"为其中一事,强调"经界必正,'井地'必均,此为治之大本也"。张载也曾经主张"治天下不由'井地',终无由得平"。他还不切实际地认为,"'井田'至易行,但朝廷出一令,可以不笞一人而定"。(《张子全书》卷四《周礼论》)林勋也有实行"井田"的具体建议,他在所献《本政书》中,对于复行"井田"时所占田亩、所税钱米、所赋兵马,都有详细的规划。胡宏也说:"'井田'者,贤人均田之要法也。""井田"也是"圣人竭心思致用之大者也。""欲复古,最是田制难得,且合法。"(《宋元学案》卷四五)可见,"井田",是一种相当普遍的社会理想。

先秦典籍中记录的"井田制"久已成为历史的陈迹,以"井田制"为理想制度设计的土地改革方案,显然不仅不能解决当时的土地问题,反而可能迅速导致改革的失败,使改革可能获得的其他成果成为泡影,使改革已经获得的其他成果也付诸东流。幸而王安石在推行改革的具体实践中,已经比较清醒地认识到了这一空想之所以不合于历史现实,于是权衡利弊,最终完全放弃了恢复"井田制"意图。"因言王莽名田为'王田'事",以此为历史教训,确定了"夺人已有之田为制限则不可"的原则,(《续资治通鉴长编》卷二

136

一三"宋神宗熙宁三年")决意避免首先触动至为敏感的土地所有制问题。后来，宋神宗曾经对王安石称许租庸调法，王安石说："此法近于'井田'，后世立事，粗得先王遗意，则无不善。今亦无不可为者，顾难以速成耳！"（《续资治通鉴长编》卷二二三"宋神宗熙宁四年"）王安石的意见似乎是说，继承不继承这种"先王遗意"，不是"善"还是"不善"的问题，也不是"可为"还是"不可为"的问题，而是能不能够"速成"的问题。其实，对于仿"三王"之制而"立事"的设想，"为"与"不为"的关键，显然还是"可为"还是"不可为"的问题。这一点，其实王安石的内心应当是十分明白的。

后世一些思想家依然迷信"井田"可以解决土地问题。这样的思想和王安石时代的土地主张有一脉相承的关系，在这里有必要作简要的说明。直到明清之际，颜元仍然坚持以"井田制"为最理想的土地制度。他的经济思想中，有平均土地的内容。在《存治篇》中，颜元专门以《井田》一节论述了均田的主张，他写道："或问于思古人，曰：'井田不宜于世也久矣。子之《存治》尚何指乎？'曰：'噫，此千余载民之所以不被王泽也。夫言不宜者，类谓亟夺富民田，或谓人众而地寡耳。岂不思天地间田，宜天地间人共享之。若顺彼富民之心，即尽万人之产而给一人，所不厌也。王道之顺人情固如是乎？况一人而数十百顷，或数十百人而不一顷，为父母者，使一子富而诸子贫，可乎？'"他认为，以为"井田不宜于世也久矣"的想法，只是出于"顺彼富民之心"的考虑，担心以急切的方式"夺富民田"，这样的想法，其实没有理解"王道"的真谛。显然，颜元是以一种渴望平均的思想来否定"'井田'，不宜于世也久矣"的观点的，认为损抑"富民"，才算是推行"王道"，才算是普及"王泽"。他甚至还设计了具体的实行"井田"的制度："古之民四，而农以一养其三；今之民十，而农以一养其九。未闻堕粟于天，食土于地，而民亦不饥死。岂尽人耕反不足乎？虽使人余于田，即减顷而十，减十而亩，吾知其上粪倍精，用自饶也。况今荒废十之二三，垦而井之，移流离无告之民，给牛、种而耕焉，田自更余耳。故吾每取一县，约其田丁，知相称也。尝妄为图以明之。所虑者，沟洫之制，经界之法，不获尽传。北地土散，恒恐损沟；高低坟邑，不便均画。然因时而措，触类而通，在乎人耳。沟无定而主乎水，可沟则沟，不可则否。井无定而主乎地，可井则井，不可则均。"他从田土和人口的总数的平均来考虑恢复"井田制"的可能性，但是没有重点考虑生产关系方面的因素。所谓"可井则井，不可则均"，说明他的意图，并不是完整地恢复古时"井田制"的全部形制，而是要借此实现均田。他后来又提出了形制"即不得如古'井田'"而不得不有所修正的"今之'井田'"的设想，出发点虽然在于"使之有恒业者，得遂其耕获，无恒业者能免于饥寒，家给人足焉"，（《习斋记余》卷一）不过，其实质却仍然如后来学者所批评的，志在"复古"，而"意固甚盛"，以致不免

138

"泥古"之讥。（朱一新：《佩弦斋杂存》卷上《答某生》）

梁启超在《中国近三百年学术史》中曾经高度肯定颜元思想的进步意义，他指出，"有清一代学术……其间有人焉。举朱陆汉宋诸派所凭借者，一切摧陷廓清之，对于二千年来思想界为极猛烈极诚挚的大革命运动，其所树的旗帜曰'复古'，而其精神纯为'现代的'，其人为谁？曰颜习斋及其门人李恕谷"。侯外庐在《中国思想通史》中写道："颜元在学术的形式上，拘泥于复古，这是他的时代局限，但他在精神上却不惜破坏一切传统。""他虽然满身古气，并没有削弱了他的近代的思想方法。"通过"他的复古的巧妙解释"，可以理解"此中底蕴"。"现在仍有人看了他的复古形式，说他的思想是反动的，这种说法也是粗暴的。"

《四库全书总目》的作者在评论颜元《存治编》一书时，在断言"井田制"之不可能复行时，也注意到他这种复古观点的改革动因："（《存治编》）大旨欲全复井田、封建、学校、征辟、肉刑及寓兵于农之法。夫古法之废久矣。王道必因时势，时势既非，虽以神圣之智，藉帝王之权，亦不能强复。强复之，必乱天下。元所云云，殆于瞀谈黑白，使行其说，又不止王安石之《周礼》矣。"把颜元的"井田"主张和"王安石之《周礼》"相比较，说明颜元以行"古法"而推行改革的意图，是明眼人都看得到的。而所谓"井田"之法不可能实行，"强复之，必乱天下"的分析，也是大体符合"时势"的。作为进步的思想家，其改革意识和复古主张熔于一炉，实在是一种发人深思的文化现象。

不可讳言，对于古"井田"制度的盲目迷恋，曾经使得王安石变法时支持改革的社会力量中发生过思想混乱。当时，如果在改革实践中坚持实行这种制度，很可能会更迅速地导致改革的失败。

7 "拗相公"形象

王安石变法，也受到反对派以为节奏急躁、急迫的批评。王安石个人性格执著坚定的特点，被理解为偏执，也受到"执拗"的指责。

《宋史·王安石传》说："安石乃汲汲以财利兵革为先务，引用凶邪，排摈忠直，躁迫强戾，使天下之人，嚣然丧其乐生之心。"所谓"躁迫强戾"，形容了一种急切轻进的节奏风格，而这种行政风格，又是与执政者急躁轻率的性格特征密切相关的。

正是在王安石变法期间，一位名叫李复圭的官员在宦海生涯中几经沉浮。李复圭是一个富有个性的从政者，据说他"临事敏决，称健吏，与人交不以利害避"，就是说，是一位为人正直、办事果决的"健吏"，"然轻率躁急，无威重"，但是性格急躁轻率，不具备一般官僚都有的威严庄重的风仪。于是上下左右常常因言语得罪。但是却"独为王安石所知，故即废即起"，偏偏为王安石所理解，所以官职地位下降之后马

图一一　南京半山园王安石故居

上又得以提拔。(《宋史·李复圭传》) 通过王安石用人的情感倾向，我们也可以知道他推行变法的中坚集团的基础和骨干，可能多有被称为"轻率躁急"的人物。

司马光在奏章中写道，任用执政官员，"臣愿陛下必选忠厚方正实有治行者为之"，一定要选择确实"忠厚方正"，政绩优异的人，而"饰伪行险，躁于进取"的人，"皆不可用也"。(《传家集》卷二三《言张田第二状》) "躁于进取"，是他批评革新派惯用的语汇。(《传家集》卷四六《乞去新法之病民伤国者疏》) 显然，政治倾向消极、政治立场保守的政治集团，总是在内心深处对所谓"躁迫强戾"、"躁于进取"的政敌怀有极深的敌意，是政治生活中惯见的情形。这种态度，其实不仅代表着中国传统政治文化的一种基调，也体现出我们民族精神的一种历史悠远的特质。《抱朴子·逸民》说："然俗之所患者，病乎躁于进趋，不务行业耳，不苦于安贫乐贱者之太多也。"民间对于"躁于进趋"者的不满与否定，也就是所谓"患"、"病"、"苦"，已经积久而成世俗。

司马光是王安石变法的坚定的反对派，他曾经攻击王安石不仅政治迷误，"不晓事"，而且性格"执拗"。（朱熹：《三朝名臣言行录》卷七）据宋人徐自明著《宋宰辅编年录》卷七"宋神宗熙宁二年"记载，宋神宗曾经与司马光论诸大臣，宋神宗说："王安石何如？"司马光说："人言安石奸邪，则毁之太过。但不晓事，执拗，此其实也。"刘安世对于王安石的人品和性情也有所评论，他说，王安石"亦非常人"，"其质朴俭素，终身好学，不以官职为意"，值得肯定的。只不过"学有邪正各欲行其所学者尔"，然而一些人却"溢恶"之，"此人主所以不信，而天下之士至今疑之，以其言不公，故愈毁之而愈不信也"。他以为，批评和指责王安石，"只宜言其学乖僻，用之必乱天下，则人主必信"。如果指责他"以财利结人主如桑弘羊，禁人言以固位如李林甫，奸邪如卢杞，大佞如王莽，则人主不信矣"。这是因为"其人素有德行，而天下之人素尊之，而人主夷考之无是事，则与夫毁之之言亦不信矣"。他建议："此进言者之大戒。"（《宋名臣言行录》后集卷一二《刘安世》引《语录》）这一意见，和司马光所谓"人言安石奸邪，则毁之太过"，是大体一致的。看来，"其人素有德行，而天下之人素尊之"，"质朴俭素，终身好学，不以官职为意"，是许多人公认的事实。而所谓"其学乖僻"，和"不晓事，执拗"有文意接近处。

王安石个性的"执拗",可能也是许多人公认的事实。

清代学者王士禛《香祖笔记》卷一〇讨论了历史上一些政治家的个性形象问题。他写道:"小说演义亦各有所据。如《水浒传》、《平妖传》之类,予尝详之《居易录》中。又如《警世通言》有'拗相公'一篇,述王安石罢相归金陵事,极快人意。乃因卢多逊谪岭南事而稍附益之耳。故野史、传奇往往存三代之直,反胜秽史曲笔者倍蓰。前辈谓村中儿童听说三国事,闻昭烈败,则颦蹙,曹操败,则欢喜踊跃。正此谓也。'礼失而求之野',惟史亦然。"所谓"《警世通言》有'拗相公'一篇",说的是冯梦龙《警世通言》第四卷《拗相公饮恨半山堂》。所谓"前辈谓村中儿童听说三国事"情节,见于苏轼《东坡志林》卷六:"王彭尝云:涂巷中小儿薄劣,其家所厌苦,辄与钱,令聚坐听说古话。至说三国事,闻刘玄德败,颦眉蹙,有出涕者;闻曹操败,即喜唱快。以是知君子小人之泽,百世不斩。"其实王士禛"述王安石罢相归金陵事,极快人意"云云,是表现出历史偏见的。民间"闻刘玄德败,频眉蹙,有出涕者;闻曹操败,即喜唱快"的情感倾向,也并非自然生成,应有"说古话""说三国事"者文化引导的因素。"拗相公"故事,既然已知是"因卢多逊谪岭南事而稍附益之",自是敌视王安石变法的文人制作,恐怕不能据此说"'礼失而求之野',惟史亦然"。如果真的从这种文学作品中并不严肃的描画出发来理解历史,理解历史事件和历史人物,那就难免走向因误解而形成的更严重的误解,距离历史真实越来越远了。

八　金世宗改革

金世宗完颜雍于公元 1161 年即位，在位 29 年间，努力推行改革，励精图治，使金王朝进入了它的黄金时代。

 "以富贵文字，坏我土俗"

金世宗是在海陵王执政败亡之后即位的。他在掌握权力的第一时间就谋求与南宋的和平外交。《大金国志》卷一六《世宗圣明皇帝上》记载，他"知海陵被弑，乃与皇子允升、允迪拥甲骑一万趋燕京"，当月就"遣使入宋议和"。据记载："移宋牒云：'正隆失德，无名兴师，两国生灵，枉被涂炭。已从废殒，见议班师，各务戢兵，以图旧好。'"在即位之初就宣布改变战争方针，改变外交方向，这是非常开明的举措，也是非常大胆的举措。

金世宗的继承人屡次劝说动兵征伐南宋，都遭到拒绝。"允升登储位，诸子皆封王。允升嗜酒，喜游猎，胆勇能用兵。每劝帝南伐，混一天下，帝不听"。

这样的政治选择，显然是清醒的。金世宗又及时恢复因战争中断的南北"榷场"贸易，使双方民间商业往来得以复苏。对于战争灾祸频仍的河南地方，又宣布减免赋税的征收，以减轻民众负担。

中央政府派员"询访官吏治状，按举黜陟，所至问民疾苦"，也是金世宗执政时采取的行政方式。"官吏治状"为金世宗所特别关心，他在宴会群臣时也曾经回顾历史上的吏治得失，告谕臣下稽察惩治"贪残之吏"："帝因语及古今帝王成败之迹，大率以不嗜杀人为本。数年休兵，民力少苏，惟独贪残之吏，去朝廷稍远，恐为百姓之蠹，宜时加稽察，以革其弊。"（《大金国志》卷一七《世宗圣明皇帝中》）

大定十七年（1177年）夏四月三日，金世宗与太子诸王在东院赏牡丹，晋王允猷赋诗以陈，和诗者15人。有武臣当场上言："国家起自汉北，君臣将帅皆以勇略战争，故能灭辽灭宋，混一南北，诸番畏惧。自近年来，多用辽、宋亡国遗臣，以富贵文字，坏我土俗。""年来贪安，渐为人侮。今皇帝既一向不说著兵，使说文字人朝夕在侧。遗宋所传之主，闻是有志报复。今蒙古不受调役，夏人亦复侵边，陛下舍战斗之士，谓其不足与语，不知三边有急，把作诗人去当得否？"对于这样的指责，金世宗只是"默然"而已，并不驳斥，也并不表示不赞同（《大金国志》卷一七《世宗圣明皇帝中》）。这是一次被斥为"富贵文字"的中原文化和女真"勇略""战斗"为特征的"土俗"在御前的公开冲突。据说一时"左右皆骇目相顾"。金世宗保

八 金世宗改革

持"默然"的态度，表现出他面对这种冲突的复杂心理。当时所谓"舍战斗之士，谓其不足与语"，而"多用辽、宋亡国遗臣，以富贵文字，坏我土俗"，"使说文字人朝夕在侧"的文化政策的倾向，体现出这位君主执政理念有反传统的新进的倾向。

大定二十一年（1181 年），诏令曲阜修宣圣墓，赐其家子孙粟帛，也是对中原传统文化表示尊重的举措。史家因此评论说："世宗时，南北无事之久，其崇文兴化宜矣。"（《大金国志》卷一八《世宗圣明皇帝下》）

年老体弱，难免精力不足。金世宗曾经说："朕今年五十有五，若过六十，必倦于政事。宜及朕之康强，凡女真猛安谋克当修举政事，改定法令。"（《金史·唐括安礼传》）所谓"修举政事，改定法令"，是他执政期间长期的追求。

金世宗改革的主体内容是政治体制改革，而改革吏治，又是当时政治改革的重点。

资级不到庸何伤

除了任官不忌宿怨，选官不以亲近，注重考核政绩之外，金世宗还特别强调官吏队伍的及时更新。他认为："用人之道，当自其壮年心力精强时用之。若拘以资格，则往往至于耄老，此不思之甚也。"（《金史·世宗本纪下》）

金世宗还曾经吩咐宰臣说："近日刺史、县令多阙员，当择干济者除之，资级不到庸何伤。"（《金史·石琚传》）他强调，官吏缺员，应当选择能够胜任的人提拔，资历不够又有什么妨碍呢？他以为提拔官吏的主要条件是行政是否"干济"，如果能力强，就应该破格提拔，不应当过多地考虑"资级"的因素。他还曾经多次强调："日月资考所以待庸常之人，若才行过人，岂可拘以常例？""止限资级，安能得人？"（《金史·世宗本纪下》）对于"郡守选人"，他也指示："资考虽未及，廉能者则升用之，以励其余。"（《金史·世宗本纪中》）

大定二十七年（1187年），宰相宗尹年迈，请求退休。有人建议挽留，以为"旧臣宜在左右"。金世宗则不以为然，他说："宰相总天下事，非养老之地，若不堪其职，朕亦有愧焉。"（《金史·宗尹传》）宰相是总管天下之事的重要岗位，并不是养老的地方，如果担任这一职务而不能够愉快胜任，我也会觉得对不起他本人的。于是答应了宗尹的请求。

他还责备宰臣们说："古来宰相率不过三五年而退，罕有三二十年者，卿等特不举人，甚非朕意。""自古岂有终身为相者"，"卿等老矣，殊无可以自代者乎，必待朕知而后进乎？"古时候的宰相大多不过任职三五年就退职，很少有连任三二十年的，你们不举荐继任的人，和我的愿望大相违背。你们年纪都已经大了，难道找不到可以替代自己的人吗，一定要等我发现他们再予以提拔吗？

《金史·世宗本纪下》在对金世宗历史成就的总结中说，他在位期间，"举贤之急，求言之切，不绝于训辞"。

3 "小尧舜"称号

金世宗在吏治方面的改革,稳定并强化了金王朝的专制统治,结束了自金熙宗以来宗室相互倾轧,相互残杀,以致政治荒乱的局面。而行政管理水平的进一步提高,也为其他方面的改革提供了成功的保证。

史家对他执政的成功有这样的肯定:"盖自太祖以来,海内用兵,宁岁无几",频繁的战争使民众遭受沉重的灾难,很少有和平的年岁。又由于前代君主荒淫无道,"赋役繁兴,盗贼满野,兵甲并起,万姓盼盼,国内骚然。老无留养之丁,幼无顾复之爱。颠危愁困,待尽朝夕"。然而,金世宗由于长期担任地方行政长官,"明祸乱之故,知吏治之得失",努力调整行政方针,"即位五载,而南北讲好,与民休息,于是躬节俭,崇孝悌,信赏罚,重农桑",在维护和平安定的基点上提倡农耕生产。对于吏治的改革,即所谓"慎守令之选,严廉察之责",尤其有益于社会进步。他又坚持勤政的原则,"孳孳为治,夜以继日"。于是得到了"可谓得为君之道矣"的赞誉。

当时,据说"群臣守职,上下相安,家给人足,仓廪有余",据说刑部司法,每年判定死罪,"或十七人,或二十人",罪刑之轻,是历史上罕见的。因而"号称'小尧舜'"。(《金史·世宗本纪下》)当时社会以"小尧舜"这样的表现中原地方先古圣王崇拜的称号表彰一位少数民族执政者,是非同寻常的事情。

《大金国志》卷一八《世宗圣明皇帝下》写道："世宗宽仁爱人，雅有大度。历事两朝，亲见干戈之荼毒，崎岖日久，心颇厌之。"于是努力促成和平，"适南北未定，犹有交争。和好既成，迄三十年，无寸兵尺铁之用"。治国也力求首先维护经济生活的正常发展，"尝遇饥年，每命所在官司，开仓赈恤。诸国朝有见其强盛而致疑者，终不肯加暧昧之诛。是致户口殷繁充实，北人谓之'小尧舜'云"。《资治通鉴后编》卷一二七"宋孝宗淳熙十六年"对他的评价也比较高，史臣以为："世宗在金诸帝中最为贤主。""即位二十八载，南北讲好，与民休息，躬节俭，崇孝弟，信赏罚，重农桑，群臣守职，上下相安，家给人足，仓廪有余。刑部岁断死罪，多不逾二十人。国中号称'小尧舜'。"

金世宗能够取得非凡的政治成功，与他重视历史思考有关。他曾经对身边重臣交换读史书的体会。他说："朕观《唐史》，见太宗行事，初甚厉精，晚年与群臣议多饰辞。"他联系自己执政实践，愿意记取历史教训："朕常思始终如一。今虽年高，敬慎之心，无时或怠。"他还曾经说："朕方前古明君，固不可及。至于不纳近臣谗言，不受戚里私谒，亦无愧矣。"

九　张居正改革

　　明代杰出的改革派政治家张居正，在他出任内阁首辅期间，曾经主持一系列的社会改革，整饬政务，刷新吏治，清理财政，清丈土地并推行"一条鞭法"，使一步步走向衰落的明王朝得以一度振兴，出现了短暂的相对清新的政治局面。"十年来海内肃清。用李成梁、戚继光，委以北边，壤地千里，荒外警服，南蛮累世负固者，次第遣将削平之。力筹富国，太仓粟可支十年，冏寺积金至四百余万。成君德，抑近幸，严考成，核名实，清邮传，核地亩，一时治绩炳然。"（谷应泰编《明史纪事本末》卷六一《江陵柄权》）

　　史家"一时治绩炳然"的评价，肯定了张居正新政的成就。然而张居正去世之后，出现了"清算旧辅"，"摧毁新政"的逆流，政局于是大变，以致"改革夭折，变乱蜂起"。（韦庆远：《张居正和明代中后期政局》，广东高等教育出版社，1999，第865页）

加强边防：以相而兼将

　　张居正入阁之初，就注意到"北虏"威胁，是国家安全的重要问题。他提出警告："当今之事，可虑者莫重于边防，庙堂之上所当日夜图画者，亦莫急于边防。迩年以来患日深边事久废……"（《时政切要疏》，黄宗羲编《明文海》卷五七《奏疏十一》）他致力于整饬边屯，使得"屯政修复，大有成效"。（《明神宗实录》卷三一"万历二年十一月丁亥"）又以为"制御之法，惟当选任谋勇将士"，（《张太岳集》卷二七《答三边总督论番情》）屡次更命边将。并且加强对边将的监督和考核。"居正用李成梁镇辽，戚继光镇蓟门。成梁力战却敌，功多至封伯。而继光守备甚饬。居正皆右之，边境晏然。"（《明史·张居正传》）他强调边军训练的重要，肯定"合练之法"，以为"守边之策，无急于此矣"。（《张太岳集》卷二四《答刘总督》）

在加强防御，修筑边墙城堡墩台的同时，又通过和少数民族之间的贡市贸易，促进交流，缓和矛盾。

在张居正主政时代，边疆危机基本解除。对于张居正改革在军事方面的成绩，明末清初人林潞肯定了其有效措施安定中国至于十年的意义。他说，张居正很早就关心各地"户口厄塞，山川形势"，"一旦柄国"，即"措意边防"，虽然身为文官，却能够掌握军事全局，"非特相也，江陵盖以相而兼将，付托得人，将帅效命，凛之意三尺，藏数十万甲兵于胸中，而指挥于数千里之外，进退疾徐，洞若观火，故能奠安中夏，垂及十年。"（林潞：《江陵救时之相论》，《清经世文编》卷一四）

有的学者指出，张居正改革时期民族政策的失误之一，是"忽视女真族的兴起"。"一切政策，包括民族政策，应具有动态的属性，在具体化的过程中需要不断地进行必要调整。张居正对女真族相关政策的失误，关键就在于没有能够顺应女真地区的发展而进行及时的调整，这种'滞后'对于张居正这个以'救世'自命的改革者而言，实际上带来的负面影响是致命的。所以随着张居正的去世，一个改革时代宣告结束，而随着努尔哈赤的起兵，一个新的政治变动时期随之到来……"执政者虽然发现"今九边事情，独辽东为难"，（《明神宗实录》卷一九二"万历十五年十一月甲寅"）"但为时已晚，王朝大厦已将倾塌"。（南炳文、庞乃明主编《"盛世"下的潜藏危机——张居正改革研究》，南开大学出版社，2009，第179、184页）边疆政策和民族政策的历史预见性，也许是人们对改革家的过高期求。"辽东"问题对策是否"滞后"，以及相关责任是否应当归于"张居正这个以'救世'自命的改革者"，研究者应当深思。

⓶ 考成法

面对吏治腐败的政治现实，张居正改革的实质措施以整饬吏治为先。他向万历皇帝建议，"欲安民"，则"必加意于牧民之官"。（《张太岳集》卷四〇《请择有司蠲逋赋以安民生疏》）在于地方官员的讨论中，他也强调整饬吏治是最重要的行政任务，"患不在盗贼，而患吏治之不清"。（《张太岳集》卷二五《与殷

石汀论吏治》)

　　当时官数繁冗，形成了社会的沉重负担。《明史稿》可见"解学龙为给事言"对于冗官现象的感叹："国初文职五千四百有奇，武职二万八千有奇。神宗时，文增至一万六千余，武增至八万二千余，今又不知增几倍。若冗者汰之，岁可得饷数十万。"（〔清〕姚之骃：《元明事类钞》卷六《政术门一》）

图一二　张居正像

　　而政风败坏，可能已经达到了史无前例的地步。时人惊呼"风俗大变"："贿赂者荐及盗跖，疏拙者黜逮夷齐，守法度者为迂疏，巧弥缝者为才能，励节介者为矫激，善奔走者为练事。自古风俗之坏，未有甚于今日者。"行政生活中风气腐败最突出的表现是"天下皆尚贪","天下皆尚谄"。(《明史·杨继盛传》)所谓"风俗大变"、"风俗之坏",见于研究者引录万历《新会县志》卷二《风俗》所言:"正(德)嘉(靖)之前,仕之空囊而归者,闾里相慰劳,啧啧高之,反之则不相过。嘉(靖)隆(庆)之后,仕之归也,不问人品,第问怀金多少为轻重。相与姗笑痴牧者,必其清白无长物也。"论者据此指出,"官场恶浊亦必然直接污染社会风气,使道德准绳和价值观念亦发生急变"。(韦庆远:《张居正和明代中后期政局》,第505页)

张居正整顿吏治,首先采取了饬令百官"自陈"以便"简汰众职"的方式。我们看到万历即位初的谕旨:"朕初嗣大位,欲简汰众职,图新治理。两京六部衙门四品以上官,俱著自陈,去留取自上裁。钦此。"有研究者据《张太岳集》卷三七《遵谕自陈不职疏》转引了这段文字,并有如下分析:"隆庆六年(1572年)七月初六日,即在隆庆皇帝去世刚40天,万历皇帝登基才25天,他被授以重任只有17天之后,所谓席未暇暖之时,便代替万历皇帝起草给吏部、都察院一道有关饬令'自陈'的谕旨,足见其对吏治问题的重视和迫切感。"(韦庆远:《张居正和明代中后期政局》,第509~510页)不过,这种"重视和迫切感"似未可仅仅根据这一事件孤立地认识,应当与张居正后来一系列相关措施联系起来理解。因为嘉靖即位之初也有令官员"自陈"的诏令,要求"自陈"的官员的级别也是"四品以上官"，诏文也有"去留取自上裁"字样："两京五府见任掌印金书、管军管事公侯伯都督及都指挥、六部等衙门见任文职四品以上官，并各处巡抚官，俱听自陈，去留取自上裁。"（杨廷和：《嘉靖登极诏草》，〔明〕黄训编《名臣经济录》卷一四《内阁》）又《名臣经济录》卷三三《兵部·武选下》载《查革武职疏》和明人顾清《自陈求退并乞辩明诬罔奏》（《东江家藏集》卷三三《北游稿·奏议一十二首》）都说到这道诏书是正德十六年四月二十二日颁布。正德皇帝三月丙寅崩（《明史·武宗纪》），嘉靖皇帝四月癸卯即位（《明史·世宗纪一》），据杨廷和撰《杨文忠三录》卷四《视草余录》"二十二日五鼓时，嗣君遂由正阳门入"的记录，嘉靖即位正是四月二十二日。也就是说，嘉靖登基令高官"自陈"的诏书，是在正德皇帝去世 37 天之后，在嘉靖皇帝即位的当天颁布的。可知张居正和万历皇帝当时这道饬令高级官员"自陈"的诏书，在方式上只是沿承前例。就颁布时间所表现的对改革吏治的"重视和迫切感"而言，其实也并不很突出。

张居正改革吏治最重要的措施，是在万历元年（1573 年）创立并推行"考成法"。《明史·张居正传》记载："为'考成法'以责吏治。初部院覆奏行抚按勘者，尝稽不报。居正令以大小缓急为限，误者抵罪。自是一切不敢饰非，政体为肃。"明人王世贞《嘉靖以来首辅传》卷七《张居正传》的记述，字句略有增益，可以理解得更为具体："为'考成法'以责吏治。前是六部都察院有覆奏而行抚按勘者，度事之不易行，或有所按核，或两讦当质成者，其人各以私轧，则稽缓之，至数十年而不决，遂废寝。居正下所司以大小缓急为限行之，误者抵罪。自是一切不敢饰非，政体稍肃。"

"考成法"推行的时间，有学者判定为万历元年（1573年）六月。有的论著说："张居正于万历元年（1573年）六月创立了被称为'考成法'的监督机制。"（王天有、高寿仙：《明史——一个多重性格的时代》，三民书局，2008，第247页）而《明史纪事本末》卷六一《江陵柄政》记载其事在"秋七月"之后，"冬十月"之前："计考察举措，乃向背所系，惟以安静宜民为最。虚文矫饰，虽浮誉素隆，当列下考。居正又请行'考成法'。有司以征解为殿最。于是奉行者督责小民，不胜朴楚，相率为怨言。然赋以时起。"《资治通鉴纲目》三编卷二六"神宗显皇帝元年"则记录为"冬十一月"，其内容也更确切详尽："冬十一月，立章奏'考成法'。初，诸司章奏部院覆行抚按勘者，常稽不报。至是张居正言：近年来章奏繁多，各衙门题覆无虚日。然敷奏虽勤，而实效盖鲜。请申成宪先酌量道里远近，事情缓急，定程限，立文簿，月终注销。抚按稽迟者，部举之。部院容隐欺蔽者，六科举之。六科容隐欺蔽者，阁臣举之。月有考，岁有稽。则名必中实，事可责成。从之。自是政体为肃。"韦庆远《张居正和明代中后期政局》取"十一月"之说（第518页），可能是比较准确的。总之，"考成法"

的颁行，是在万历元年张居正主政之初，他对整顿吏治的"重视和迫切感"，是明显的。以上记载告诉我们，"考成法"的主旨，是提高行政效率。虽然下有"怨言"，但是确实"自是政体为肃"，而"赋以时起"，行政效能提高了。张居正于是说："迩来正赋不亏，府库充实，皆以考成法行。"（〔明〕王世贞：《嘉靖以来首辅传》卷八《申时行传》）

吏治改革的成效还表现于"坚决果断地解决了官僚机构臃肿问题，裁汰冗员十之二三"，同时，"特别重视选用廉洁干练的官员，主张用人'唯当视其功能，不必问其资格'，打破了只凭资格用人的铨选老套"。（王天有、高寿仙：《明史——一个多重性格的时代》，第 247 页）正如《明史·张居正传》所说："居正为政，以尊主权，课吏职，信赏罚，一号令，为主虽万里外，朝下而夕奉行。"整个行政机器的"功能"改善了。

3　一条鞭法

万历初年，在全国范围内重新丈量田亩。张居正以为"此举实均天下大政"，（《张太岳集》卷三二《答江西巡抚王又池》）表示："不于此时剔刷宿弊，为国家建经久之策，更待何人？诸凡谤议皆所不恤。"（《答应天巡抚宋阳山》，〔明〕贺复征编《文章辨体汇选》卷二四二《书三十八》）丈田运动在福建试点，又推向全国。这一举措，打击了勋贵豪绅漏税的行为，减少了平民赔纳虚粮的数量。人们看到，"清丈事极其

妥当，粮不增加，而轻重适均，将来国赋既易办纳，小民如获更生。"（《张太岳集》卷三三《答山东巡抚何来山言均田粮核吏治》）

与丈田同时，张居正积极推进"一条鞭法"的实行。从嘉靖初年到隆庆时代，"一条鞭法"屡试屡止，推行地方限于局部。张居正以明朗的态度支持这一赋税形式，各地方官吏纷纷推行，终于使得"一条鞭法"推及全国。

《明史·食货志二·赋役》这样记载"一条鞭法"的内容："'一条鞭法'者，总括一州县之赋役，量地计丁，丁粮毕输于官。一岁之役，官为金募。力差，则计其工食之费，量为增减；银差，则计其交纳之费，加以增耗。凡额办、派办、京库岁需与存留、供亿诸费，以及土贡方物，悉并于一条，皆计亩征银，折办于官。故谓之'一条鞭'。立法颇为简便。嘉靖间数行数止，至万历九年乃尽行之。""一条鞭法"是赋役史上的重大改革。这种赋役制度合并了赋役项目，简化了征收手续，将田赋、徭役以及各种杂差和贡纳，统统并为一条，在一定程度上限制了官吏在征收过程中营私舞弊，中饱私囊。赋役折银征收，也自有其合理性。这些改革扭转了财政面临危机的局面，经济形势有所好转，"太仓粟充盈，可支十年。互市饶马，乃减太仆种马，而令民以价纳太仆，金亦积四百余万"。（《明史·张居正传》）

"一条鞭法"的推行，有力地促进了当时中国商品经济的发展，"为田赋史上一绝大枢纽"，"可以说是现代田赋制度的开始"。（梁方仲：《一条鞭法》，《梁方仲经济史论文集》，中华书局，1989，第36页）有学者说，"一条鞭法在万历初年发展得甚快。这件事与当时首相张居正锄抑豪强的政策相配合。如果没有张居正的极力支持，一条鞭法恐怕不易推动。从这点说，我们认为张氏是推行一条鞭法最有功的人，亦未尝不可"。（梁方仲：《明代一条鞭法的论战》，《梁方仲经济史论文集》，第340页）也有学者认为，"一条鞭法之所以能在万历九年（1581年）取得全国性的合法地位，能够成为中国古代赋役史上一个鲜明的发展里程碑，张居正当之无愧地是它的奠基人。张居正运用手上掌握的权力，认真总结前人创建垦拓的经验，结合当前形势，经过充分酝酿准备，然后毅然推行。在推行过程中，常以公牍私函，对各省地方大吏进行督促指导，可说是指挥若定。这是他一生功业中最闪烁光辉的项目之一，是'江陵柄政'全过程中，最值得肯定的业绩之一"。（韦庆远：《张居正和明代中后期政局》，第626～627页）这些意见，都是正确的。

张居正改革的负面现象

有学者指出，"如果将眼光放宽、放长而后探讨张居正改革时期，除了其光辉四射的一面之外，还会发现它有许多不足。把人事与自然现象的变化结合起来观察这一时期，就会得知，明清两代是中国历史上气候的相对寒冷时期，其中包含张居正改革时期在内的公元 1500～1700 年之间又最为寒冷，这影响着农作物产量的普遍降低和灾害的较频发生，在这种情况下，搞好荒政极为重要，但这一时期对此关心极其不够，这种状况在张居正改革后得到继承和发展，终于成为导致明末农民大起义推翻明朝中央政权的重要原因之一"。

论者又写道，"在张居正改革期间，荒政没有得到足够的重视"。"明代相对低温"与"粮食减产"和"灾害的多发"体现的"荒政的严峻性"没有得到足够的重视，"在张居正改革期间，并没有对这一潜在危机加以处理"，使得"荒政危机贯穿于张居正改革的始终并继续发展下去"，以致"明末天灾流行，流民四起，荒政的继续衰落使得朝廷在后来面对灾荒时无能为力"。（南炳文、庞乃明主编《"盛世"下的潜藏危机——张居正改革研究》，第 3、5 页）这样的意见，值得政治史和生态环境史研究者共同重视。

在张居正主持的改革运动中，还可以看到尊古崇圣的特点。张居正在宣传自己的改革主张时，常常追述明太祖朱元璋的事迹以为依据。在实际施行变法的各种举措时，也曾经严肃申明："方今国家要务，惟在遵守祖宗旧制，不必纷纷更改。"他还表示，自己一定"为祖宗谨守成宪，不敢以臆见纷更"。（《张太岳集》卷三七《谢召见疏》）他早年在陈明改革大政方针的宣言《陈六事疏》中，也曾经明确表达过推行改革时依然要"遵照祖宗旧制"的政治理念。

张居正在论述他的改革主张时，习惯征引所谓

"圣祖定制"、"祖宗之制"、"祖宗旧制"、"祖宗朝故事"。(《张太岳集》卷四《论外戚封爵疏》)他还多次称颂尧、舜、周公、孔子的政治成就和政治理论,以此作为新政的模式。这当然也是一种策略手段。但是在"遵守祖宗旧制,不必纷纷更改"原则下,自然会限制改革的深度、广度和力度。

柔刚·宽狭·缓急

在进行改革的时候,个人性格的涵养和行政风格的调整,对于改革事业的成败是有一定影响的。《汉书·食货志下》说"(王)莽性躁扰",宋人叶适说北魏孝文帝"躁扰变乱",(《习学记言》卷三四《北史·魏书》)朱熹也以"躁扰急迫"评价王安石。他是从书法风格进行这样的分析的:"张敬夫尝言,平生所见王荆公书,皆如大忙中写,不知公安得有如许忙事。此虽戏言,然实切中其病。今观此卷,因省平日得见韩公书迹,虽与亲戚卑幼,亦皆端严谨重,略与此同。未尝一笔作行草势,盖其胸中安静详密,雍容和豫,故无顷刻忙时,亦无纤芥忙意。与荆公之躁扰急迫正相反也。书札细事,而于人之德性其相关有如此者。"(《晦庵集》卷八四《跋韩魏公与欧阳文忠公帖》)又有将其性情与变法实践结合起来的批评:"世称王荆公书如斜风急雨,其胸中躁扰可以想见。一旦当国,遂尽取成宪而纷更之,天下骚然,而风俗亦一变而趋于薄矣。"(《范文正集补编》卷三)

嘉靖三十六年（1557年），张居正北上途中，曾经作《独漉篇》以怀古述志："国士死让，饭漂思韩。欲报君恩，岂恤人言！"他追念韩信事迹，以为"死让"的故事，可以供后来有志改革的"国士"确定策略方针时参考。只要有益于政治目的的实现，"人言"是不足"恤"的。这种"岂恤人言"的表白，似乎申明了继承王安石改革包括"人言不足恤"的"三不足"精神的态度。张居正在《再寄胡剑西二首》中又有这样的诗句："民生各有性，迭用异柔刚。羡君倜傥概，千里何昂昂。而我荏弱姿，忍垢惧发硁。偏智守一隅，语默互相妨。"

我们通过"民生各有性，迭用异柔刚"的诗句，也可以看到，关于政策风格倾向的择定，他曾经主张应当灵活掌握，未必始终刚健急烈。

张居正在《女诫直解·敬慎》中写道："宽是不狭隘，裕是不急躁。"所谓"不狭隘"、"不急躁"者，或许可以看作追求一种力求稳健的政策风格的表现。《吕氏春秋·首时》写道："圣人之于事，似缓而急。"在行政风格的节奏特征方面，张居正推行改革的时候，是否确实把握好了外"缓"而内"急"，形"缓"而实"急"的合理关系呢？对于张居正个人品性的评价，有"褊衷多忌，刚愎自用"的说法。（谷应泰编《明史纪事本末》卷六一《江陵柄权》）很可能正是因为如此，他虽然生前一直位极人臣，备享殊荣，受到绝对的信用，然而去世之后遭到厄难。

有的学者注意到张居正这种为了改革事业的成功而宁愿"忍垢"的心理对自己性格的严重的局限。朱东润的《张居正大传》写道："他没有家庭，没有恋爱，只有国家。他热恋政权，一直到临死的时候，没有一天放下，然而他的热恋政权，主要的还是为的国家。他牺牲朋友，遗弃老师，乃至阿附内监；只要能够维持政权的存在，他都做得，因为维持自己的政权，便是报国的机会。父亲死了，不奔丧，不丁忧，不守制，不顾一切人的唾骂；政权是他惟一的恋人，政权是他报国的机会。'欲报君恩，岂恤人言！'居正大声地吼着。"（《朱东润传记作品全集》第 1 卷，东方出版中心，1999，第 73 页）所谓"岂恤人言"者，使我们似乎听到了王安石"人言不足恤"的余音。

 ## 6 "夺情"风波

　　万历六年（1578 年），当张居正主持的改革正在推行的时候，他的父亲在家乡湖北江陵去世了。于是，改革运动的前景和传统道德的价值之间，发生了直接的矛盾。

　　按照明朝制度，内外官吏人等在遇到承重祖父母、亲父母的丧事时，都必须从闻丧之日起，不计闰，守制 27 个月。这种亲丧 27 个月中必须解职的规定，称作"丁忧"。期满而后，照旧做官，称为"起复"。在特殊情况下，由皇帝特别指定，不许解职，称作"夺情"。于是，在张居正临父丧时，围绕是否"夺情"，朝中发生了激烈的争论。当时，如果"丁忧"，则将没有人能够以首辅的地位主持改革。而如果"夺情"，则张居正始终强调"圣贤义理，祖宗法度"的道德形象将会受到损害。

当时，明神宗极力不许张居正守制。但是"夺情"之议，受到许多朝臣的坚决反对。他们认为，丁忧守制，是天经地义的事，是丝毫也不能迁就的。如果张居正违反"丁忧"之制，从此将纲常扫地。于是，有的官员暗自抵制皇帝的"夺情"诏书，有的上书公开批评明神宗的态度。但是，"夺情"终于成为定局，反对的官员或者解职，或者罚俸，有的甚至被处以"廷杖"的严厉刑罚。

张居正终于仍旧被留在朝廷，改革进程得以继续推行。但是，他因贪图权位，甚至连祖制也不遵守的形象，已经深刻地留印在普遍迷信传统道德价值的人们的心中。当时，连他的门生也上书恳切要求张居正守制，说："居正父子异地分暌，音容不接者十有九年。一旦长弃数千里外，陛下不使匍匐星奔，凭棺一恸，必欲其违心抑情，衔哀茹痛于庙堂之上。"让他依旧承担处理政务的责任，"岂情也哉？"又说，"居正每自言谨守圣贤义理、祖宗法度"，然而孔孟都有严格守丧的教诲，如若违背，则"圣贤之训何如也？""祖宗之制何如也？"以为"事系万古纲常，四方视听"，又以"惟今日无过举，然后后世无遗议，销变之道，无逾此者"相警告。（《明史·吴中行传》）显然，当时在士大夫阶层人心的天平上，张居正的个人威望已经急剧发生了不利于改革的变化。因"夺情"之争而造成的隐患，最终还是对改革事业的前景造成了危害。

改革的道德旗帜与改革家的道德形象，对于改革事业的成败有重要的意义，这是在中国文化的基址上进行改革时不得不予以重视的社会条件。

 ## 7 身后一败涂地

张居正从万历元年（1573 年）提出"考成法"以整顿腐败的官僚机构起，到万历十年（1582 年）逝世，主持改革历时 10 年，在世的时候，一直是声名显赫，权震朝野，死后赠上柱国，赐谥"文忠"。"文"是曾任翰林者常用的谥号，"忠"则是皇帝特赐。

不过，正如朱东润《张居正大传》中所写到的："居正带着平生的抱负，埋入江陵的墓地，剩下来的是无限的恩怨和不尽的是非。"（《朱东润传记作品全集》第 1 卷，东方出版中心，1999，第 413 页）张居正死后不过九个月，万历十一年（1583 年）三月，就有言官诬劾，于是诏夺上柱国、太师，再夺"文忠公"谥号。第二年四月，又诏令查抄张居正家产。主持查抄的官员还在途中，地方官员就亲自到张宅封门，张家子女躲在空屋中不敢出来，查抄者到来时，打开宅门，饿死的已经 10 余口。查抄时逼索资财，严刑拷问，张居正的儿子张懋修自杀未遂，张敬修自缢身死。在家产被籍没之后，又因为言者复攻不已，又诏尽削张居正官秩。

明神宗甚至颁发上谕，斥责张居正当年"骚动海内，专权乱政，罔上负恩，谋国不忠"，冷酷地说，

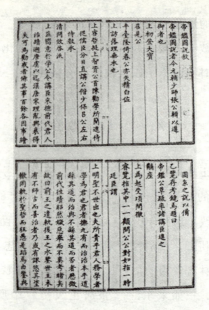

图一三　张居正编《帝鉴图说》书影

"本当斫棺戮尸，念效劳有年，姑免尽法"。但是他的
家属张居易、张嗣修、张书、张顺等，"俱令烟瘴地面
充军"。(《明史纪事本末》卷六一《江陵柄政》)

　　张居正晚年，明神宗曾经深情地对他说，"先生功
大，朕无可为酬，只是看顾先生的子孙便了"。然而张
居正的子孙，后来竟受到了这样的"看顾"。

　　张居正生前，在一封《答河漕按院林云源》的书
牍中曾经预想过个人今后可能不圆满的结局，同时表
明了自己的态度："念己既忘家殉国，遑恤其他，虽机
阱满前，众镞攒体，孤不畏也!"他表示，为了国事，
决心忘却身家，更何况其他呢，虽然前程布满机阱，
纵然万箭穿心，我也毫不畏惧。所谓"众镞攒体"，应

166

当是回顾吴起变法故事发表的感慨。

　　总结历代改革的历史，张居正想到了自己的悲剧结局，并且已经有一定的精神准备。但是，他可能并没有想到，他苦心经营的改革事业，在他死后竟然几乎被完全否定。除了"一条鞭法"之外，其他改革几乎全行废止。正如明人沈德符所说，曾经给明王朝政治生活带来新气象的改革运动，和张居正本人的命运一样，"身后一败涂地"。（《万历野获编》卷九）

　　张居正改革失败的悲剧，其实是和明王朝走向衰亡的悲剧同台演出的。

　　明王朝历史的演变，正如有的学者所指出的，"张居正的不在人间，使我们这个庞大的帝国失去重心，步伐不稳，最终失足而坠入深渊。它正在慢慢地陷于一个'宪法危机'之中。在开始的时候这种危机还令人难以理解，随着岁月的流逝，政事的每下愈况，才真相大白，但是恢复正常步伐的机会却已经一去而不复返了。"（黄仁宇：《万历十五年》，中华书局，1982，第76页）孟森在总结明代历史时也这样写道：明王朝的历史，"居正没，而遂入醉梦期间矣"，"明亡之征兆，至万历而定"。（孟森：《明史讲义》，岳麓书社，2010，第247页、第236页）

十　戊戌维新

　　1840 年以后，列强多次发动侵华战争，迫使清王朝签订了一系列不平等条约。在新的国际形势下，亡国危险促使了人们的觉醒。中国最初出现的兴办工业的浪潮，也使得民族产业有了初步的发展。新的生产方式、新的文化理念、新的阶级构成的出现，使历史的走向出现转机。一些能够清醒地看中国、看世界的志士仁人，在一败再败，即将"无以自存、无以遗种"（严复：《原强》）的情势下，苦心寻求"自强"之路，提出了"更法"（龚自珍：《明良论四》）、"变古"（魏源：《默觚下·治篇五》）的变法改革主张。

　　甲午战争后，《马关条约》签订的消息引起了强烈的社会震动。越来越多的人体会到严重的民族危机，承受着传统专制政体的沉重压迫，开始发出争取政治改革的声音。戊戌维新运动成为一次新旧力量的激烈交锋。

《新学伪经考》和《孔子改制考》

　　康有为是维新理论的宣传者，也是后来变法运动的领导者。他满怀对国事和政局的忧患意识，在光绪十四年（1888 年）入京参加顺天乡试时，上书光绪帝，请求变法。这次上书因为顽固派的阻挠，没有到达光绪帝手中，但是却在社会上广泛流传，产生了很大的影响。

图一四　康有为像

光绪十七年（1891 年），康有为在广州长兴里招生讲学。光绪二十二年（1896 年），将学舍移至广州万木草堂。在利用讲坛宣传维新思想的同时，康有为在这里撰写了《新学伪经考》和《孔子改制考》，为变法思想提供了理论准备。

刊于光绪十七年（1891 年）的《新学伪经考》，将古文经斥为"伪经"，以为是刘歆伪造，目的是为王莽篡汉制造舆论。因为是新莽一朝之学，所以以"新学"为鄙称。《新学伪经考》中的观点并不符合学术史的真实，然而使读者对经学的迷信有所动摇，有解放思想束缚的意义。

撰写于光绪十八年（1892 年），刊于光绪二十四年（1898 年）的《孔子改制考》，宣传"三世说"，认为社会是遵循"据乱世"—"升平世"—"太平世"的顺序规律演进的。要实现"太平世"即资产阶级民主共和制度，必须改革"据乱世"的政治体制，建立君主立宪的"升平世"。这种对社会历史规律的假设完全不科学，但是主张改革的立场，是符合历史前进方向的。康有为化妆孔子，把这位中国传统社会的老圣人的形象改变为"托古改制"的"素王"。这种设计的动机，是要使变法诉求和儒学理论结合起来，从而得到更广泛的理解和支持。《孔子改制考》宣传变法维新是继承孔子的事业。书中有《诸子改制托古考》、《孔子创儒教改制考》、《六经皆孔子改制所作考》、《孔子改制托古考》、《孔子改制法尧舜义王考》、《孔子改制弟子时人据旧制问难考》等篇。说明这位资产阶级维新派思想家注意到了中国传统文化中"尊古崇圣"的特点，以及这一特点的文化背景和实际效应。

光绪二十一年（1895 年）；《中日马关条约》签订，正在北京会试的康有为发动各省应试举人 1300 多人联名上书，反对签订条约，要求立即变法。上书的行动遭到阻挠，然而上书的内容却产生了很大的影响。"公车上书"所陈说的诸事，几乎事事都先列举《尚书》、《周易》、《春秋》、《公羊传》、《孟子》、《周礼》

之义，以及古来先王贤相的事迹，希望皇帝能够"近法列圣，远法禹、汤"，"破除旧习，更新大政"。（康有为等：《上清帝第二书》）

不久，康有为考中进士，授工部主事。他又接连上书阐述改革主张。他要求清廷变法，改君主专制为君主立宪，奖励民间兴办新式工业，取消八股取士制度，期望通过变法挽救民族危机。康有为的上书都遭到顽固派的阻挡，但是上书文稿在社会印行，变法思想得以传播。

 《强学报》和《湘学报》

光绪二十一年六月（1895 年 8 月），康有为和梁启超在北京创办《万国公报》，后来改称《中外纪闻》，报道世界时事，宣传变法思想。随后，强学会成立，通过演讲、印行书刊，介绍西学，为变法制造舆论。又在上海成立强学会分会，出版《强学报》。光绪二十一年底（1896 年初），北京的强学会和《中外纪闻》，上海的强学会分会和《强学报》相继被查封。

但是，主张维新变法的力量并没有停止发展。梁启超主笔的上海《时务报》，谭嗣同倡起的南学会和参与创办的长沙时务学堂，严复等编辑的天津《国闻报》等，依然在宣传变法思想。

湖南是维新力量比较活跃的地方。湖南巡抚陈宝箴、署按察使黄遵宪、学政江标等支持谭嗣同、唐才常等宣传变法。江标等人创办了宣传维新思想的《湘

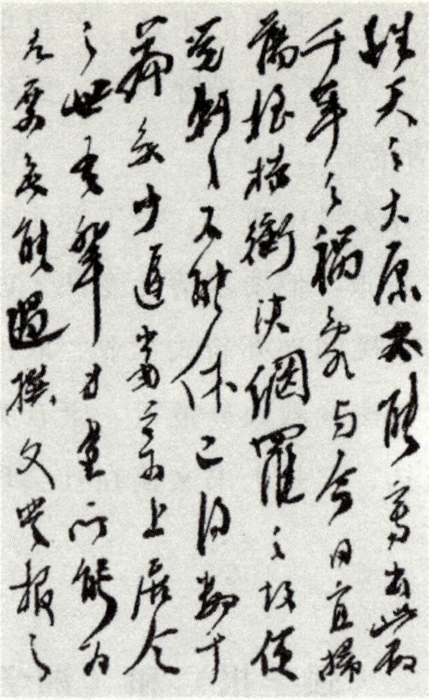

图一五 谭嗣同手迹

学新报》，后来改称《湘学报》。光绪二十三年初，谭嗣同撰成宣传资产阶级民权思想的《仁学》。他揭露数千年来三纲五常压抑人心的"惨祸烈毒"，指斥"君为独夫民贼"，君主专制体制是强盗政治。特别指出："二千年来君臣一伦，尤为黑暗否塞，无复人理，沿及今兹，方愈巨矣！"

光绪二十三年十月（1897 年 11 月），谭嗣同回到湖南进行维新活动。次年，创办《湘报》。南学会每周讲演一次，宣讲民族危局，鼓吹变法主张，听众往往近千人。

有研究者统计，"从光绪二十二至二十四年（1896～1898 年）间，北京、上海和直隶、湖南、广东、广西等省先后设立学会、学堂、报馆，达 300 多所，这说明维新运动趋于高涨。"（白寿彝总主编《中国通史》第 11 卷《近代前编》（1840～1919），龚书铎主编，上海人民出版社，1999，第 249 页）

 百日维新

光绪二十三年十月（1897 年 11 月），德国借口巨野教案强占胶州湾。在日益严重的民族危机的激发下，维新运动掀起了新的浪潮。次月，康有为从上海到北京，第五次向光绪皇帝上书，指出中国已经面临被列强瓜分的危局。这次上书同样不能递达光绪皇帝，但是在北京的官员和士大夫中得到传播，后来又通过天津和上海的报纸面世。

光绪皇帝开始理解并倾向康有为等人提出的变法要求，但是接见康有为的设想遭到守旧大臣以"本朝成例，非四品以上官不得召见"为借口的阻挠。后来不得不令李鸿章、荣禄、翁同龢等五大臣在总理衙门召见康有为。事后，翁同龢在汇报时极力举荐康有为。光绪皇帝于是下令对康有为的条陈不得拦阻扣压，必须随到随送。同时令送呈康有为著《日本变政考》和《大彼得变政记》等书。

正月初七日（1 月 28 日），康有为呈递《上清帝第六书》，即《应诏统筹全局折》，提出了变法的政治纲领。他建议效法日本，推行新政，立即采取三项措施："一曰大誓群臣以革旧维新，而采天下舆论，取万国之良法；二曰开制度局于宫中，征天下通才二十人为参与，将一切政事制度重新商定；三曰设待诏所，许天下人上书。"（《杰士上书汇录》卷一，故宫博物院藏内府抄本）同年三月（1898 年 4 月），康有为联络发起，以"保国、保种、保教"为宗旨的保国会成立。

光绪二十四年四月二十三日（1898 年 6 月 11 日），光绪皇帝颁布"明定国是"诏书，宣布变法。康有为被任命为参赞新政，谭嗣同、刘光第、杨锐、林旭也得到任命，指令于军机处帮助主持变法事务。

数十道变法诏令由光绪皇帝颁布，在政治、经济、文教与军事各个方面推行新政。主要内容有：

（1）"先开制度局面而变法律"。解除了限制向皇帝上书的禁令，强调广开言路，提倡官民上书言事，严禁各级官吏阻格。光绪帝谕令都察院，凡接到士民上书，"随到随递，不得稽压"。维新派把建立君主立宪制作为政体建设的目标。首先依三权分立的原则设制度局以议政立法，下设 12 局以主持行政事务。地方设新政局和民政局以推行新政。维新派还提出了召开地方议会的主张，努力为日后实行君主立宪制进行准备。又改革行政机构，裁汰冗员。

（2）"振兴商务为目前切要之图"。设立农工商总局，保护工商业，奖励发明创造；设立矿物铁路总局，修铁路，开矿产；举办邮政，裁撤驿递系统；改革财政，编制国家预算。

（3）"制造新国之才"。改革科举制度，废除八股文；设立学堂，学习西学；设立译书局，翻译外国新书；准许自由创立报馆和学会；派遣留学生出国。

（4）"今日时势，练兵为第一大政"。维新派在军事方面，重视采用新式练兵方法编练海陆军。裁减绿营，淘汰冗兵。严查保甲，实行团练。

新政遭到守旧派官僚的抵制。除湖南巡抚陈宝箴认真执行外，其他各省督抚大都置若罔闻。

在光绪皇帝颁布"明定国是"诏书，宣布变法的第四天，慈禧太后就强逼他连续颁发三道谕旨：一，将翁同龢撤职，逐回原籍。二，凡授任新职的二品以上官员，必须到皇太后处谢恩。三，任命荣禄署直隶总督。于是，支持变法的力量被严重削弱，慈禧太后强化了对任命高级官员权力的控制，她的亲信所统领的北洋军队控制了京津地区。

光绪皇帝在七月十九日（9月4日）下令将反对变法的礼部尚书怀塔布等六名高官革职。次日，任命谭嗣同、刘光第、杨锐、林旭为军机章京，赏四品卿衔，参与最高层政策制定，推行变法的效率。

守旧派势力也加紧活动。多有人到慈禧太后面前哭诉，请求她重新垂帘听政。荣禄属下军队异常调动。慈禧太后和荣禄密谋，将在光绪往天津阅兵时以武力逼其退位的说法在朝野盛传。

变法力量把最后的希望寄托于袁世凯的支持和外国势力的干涉。八月初五日（9月20日），袁世凯向荣禄告密，这一叛变行为使光绪皇帝走上了绝路。第二天，荣禄向慈禧太后报告，慈禧太后立即囚禁了光绪皇帝，下令逮捕维新派骨干人物。变法最终失败。

从光绪皇帝颁布"明定国是"诏书到八月初六日（9 月 21 日）变法失败，维新运动历时 103 天，史称"百日维新"。

戊戌六君子

正当变法进行到关键时刻，慈禧太后临朝"训政"，发动了"戊戌政变"。光绪帝被囚禁。康有为、梁启超被迫逃亡国外。新法被废除。谭嗣同、林旭、刘光第、杨深秀、康广仁、杨锐惨遭杀害，时称"戊戌六君子"。

戊戌变法的失败，是近代政治史上震动中外的重大事件，也是历代改革中震撼人心最为惨烈的历史悲剧。

戊戌烈士当时表现出为改革而献身的大无畏精神。梁启超在日本使馆避难时，谭嗣同曾经前往看望。梁启超曾"劝嗣同东游"，而谭嗣同拒绝出走，他说："不有行者，无以图将来；不有死者，无以酬圣主。"（《清史稿·谭嗣同传》）这句视死如归的壮语，有的记载又写作："不有行者，谁图将来？不有死者，谁鼓士气？"（《清国殉难六士传》，《知新报》第 75 册）他被捕入狱后，曾经挥笔题壁："望门投止思张俭，忍死须臾待杜根。我自横刀向天笑，去留肝胆两昆仑。"谭嗣同以东汉时期持不同政见者向黑暗势力英勇抗争的故事鼓励自己的同志，同时也表露了自己为了改革大业不怕任何牺牲的壮心。

图一六　谭嗣同像

　　不久，谭嗣同就被斩于市。一说他还曾经激昂慷
慨地发表过这样的壮语："各国变法无不从流血而成，
今中国未闻有因变法而流血者，此国之所以不昌也。
有之，请自嗣同始。"（梁启超：《谭嗣同传》）据说，
谭嗣同临刑时也有激烈感愤之辞："有心杀贼，无力回
天。死得其所，快哉快哉！"（杨廷福：《谭嗣同年
谱》）

　　康广仁是康有为的弟弟，初闻政变的消息，他即
极力劝康有为"南归兴学专教育"，以为"俟养成多数
有用才，数年后乃可云改革也"。康有为得以脱身，而
康广仁被捕，他在狱中依然"言笑自若"，临刑时仍自
信地说："中国自强之机在此矣！"（《清史稿·康广仁

传》）临刑时，"狱卒强之跪，（刘）光第崛立自如"。（《清史稿·刘光第传》）也表现出当时维新派的代表人物面对惨冷的屠刀，仍然坚持改革立场，虽死不渝的可贵精神。林旭的妻子，是名臣沈葆桢的孙女，"闻变，仰药不死，以毁卒"。（《清史稿·林旭传》）也坚定地以自己的生命殉改革的事业。

结语　变法的文化史思考

中国历代的变法，中国历代的改革，是历史进程中最富有积极意义的现象。从文化史考察的视角，可以注意到变法史若干带有规律性的情形。相关问题的说明，可以深化对中国历史文化总体面貌的认识。

中国历代变法的类型分析

中国历代变法的类型，大致可以归纳为对于经济体制、政治体制、军事体制和文化体制等方面的变革。

历史上有些变法运动，曾经较全面地对当时社会生活形成冲击，于是同时兼具上述两种或两种以上类型的性质。

（1）变法与经济体制改革。

中国历史上的大多数变法运动，都以挽救经济危局，推动经济进步作为直接目的，都涉及经济制度的更动、经济政策的调整、经济形式的变革，以及经济利益的转换。经济体制的改革，有时会导致其他领域的相应的改革，有时却并不如此。

179

　　我们回顾中国变法史，可以看到，经济体制的改革，是发生最为频繁的改革形式，也是比较容易取得直接成效的改革形式。这是因为，经济体制的改革，往往能够使较大的社会层面在相对比较短的期限内，得到看得见的经济利益。当然，这也绝不是说，经济体制的改革可以不面临严重的危机，可以不遭遇强大的阻力，可以不经过艰难的苦斗，就能够轻易地取得成功。

　　在唐代后期，也曾经出现过一次意义重大的经济体制改革，这就是"两税法"的实行。

　　唐初推行均田制，在一定程度上可以保证每个农户有一块土地。所谓"以丁身为本"的租庸调制，就是在这一基础上实行的。但是由于土地兼并的不断发展，在唐代中期，失去土地而流亡的农民已经有很大数量。农民逃亡，政府一般责成邻保代纳租庸调，于是迫使更多的农民逃亡。显然，在这样的条件下，租庸调制的维持已经十分困难，赋税制度的改革势在必行。

　　唐德宗即位后，以杨炎为宰相。杨炎建议实行"两税法"。这一改革措施在建中元年（公元 780 年）正月正式公布。两税法的主要原则，是不再区分土户（本贯户）和客户（外来户），只要在当地有资产、土地，就在当地上籍征税。这样可以防止一些官僚富豪破除籍贯，逃避租庸调，到其他州县去购置田产，以享受轻税优待。另外，征税不再以人丁为主，而是以财产和土地为主，并且越来越以土地为主。

两税法的具体形式是：①将建中元年以前的正税、杂税及杂徭合并，其总额称"两税元额"；②将这个元额分摊到各户，分别按垦田面积和户等高下摊分；③每年分夏、秋两季征收，夏税不得超过六月，秋税不得超过十一月，因此成为"两税"（一说是因为包括户税和地税两项内容）；④无固定居处的商人，所在州县按照其收入的三十分之一收税；⑤租、庸、杂徭悉省，但丁额不废。两税法将中唐极其混乱的税制统一起来，短期内在一定程度上减轻了民众的负担。并且把征收原则由按人丁改为按贫富，扩大了征税面，也对无地少产的农民有一定的好处。两税法在实行中也有许多弊病，但是当时又没有更好的税制来代替它。改革的反对派只是主张恢复租庸调制，但是租庸调制在当时已经根本不可能再重新实行。于是，两税法作为一种基本税制，在后来长期为历代王朝所奉行。

清代，又曾经实行过一次赋役制度的重要改革，即"摊丁入地"。所谓"摊丁入地"，也就是将历代相沿的丁银并入田赋征收的一种赋役形式，又称作"摊丁入亩"、"地丁合一"、"丁随地起"，通称"地丁"。

清王朝建立初期，经过长期战乱，版籍无存，满洲地主和部分汉族地主享有免役免税的特权，官绅豪强又千方百计地把赋税和徭役转嫁到无地或少地的农民以及其他劳动者身上，于是，赋役征发不合理，赋役征发困难的矛盾更为突出。贫苦农民和其他劳动者不堪承受沉重的赋役负担，不得不离开土地流亡，或者直接抗缴赋役银。

传统的赋役制度，是按土地数量和人丁数目两个标准征收，分别为"地银"和"丁银"。由于人丁死亡增殖，隐匿流动，变化频繁，难以准确统计。为了保证政府的赋役收入，缓和日益尖锐的阶级矛盾，清政府于康熙五十一年（1712 年）规定，以康熙五十年的人丁数（24611324 人）作为以后征收丁银的标准，此后滋生人丁（即所谓"盛世滋生人丁"）永不加赋。把丁税总额固定下来，稳定了全国负担的丁税额。这一改革措施，是中国专制时代徭役向赋税转化的重要标志，为"摊丁入地"的新赋役制度的推行奠定了基础。

"摊丁入地"是赋役制度的重大改革。推行"摊丁入地"之后，从此废除了历史上长期实行的人头税的征收，统一了赋税标准，简化了赋税手续，有利于丁多地少的农民，农民与地主间的人身依附关系也有所减弱。"摊丁入地"的改革，在康熙时代开始在局部地区试行，到雍正时代得以在全国绝大多数省府普遍实行。各地相继实行的情形大致如下：康熙五十五年（1716 年）广东；康熙末年四川；雍正二年（1724 年）直隶、福建；雍正四年（1726 年）云南、山东、浙江、陕西；雍正五年（1727 年）河南、甘肃、江西；雍正六年（1728 年）江苏、安徽、广西；雍正七年（1729 年）湖南、湖北；雍正九年（1731 年）山西（试行丁归地粮）；乾隆十二年（1747 年）台湾；乾隆四十二年（1777 年）贵州；道光二十一年（1841 年）盛京；光绪八年（1882 年）吉林。这一改革从广东实行到吉林,前后竟长达 166 年。而其中雍正九年（1731 年）山西开始试行丁归地粮,直至光绪六年（1880 年）全省才完成摊丁入地的改革,前后也有 149 年。可见,即使是经济体制中赋役制度的改革,也要经历诸多繁难,克服诸多阻力。

（2）变法与政治体制改革。

回顾中国变法史,人们会注意到历史上的改革家们所注目的热点,多集中在经济领域;他们所致力的事业,多偏重于经济变革;他们所取得的成功,也多体现为经济成就。其实,对政治事务的普遍关心,是传统中国引人注目的文化现象之一。历代士人都以"治国平天下"作为人生最高理想,以政治前途作为唯一的人生正途。作为人们终生博取的目标的所谓"三不朽",即"大上有立德,其次有立功,其次有立言"（《左传·襄公二十四年》）,然而从所谓"大上以德抚民"（《左传·僖公二十四年》）,以及所谓"为政以德"（《论语·为政》）而"国功曰功"（《周礼·夏官·司勋》）理解,可以知道传统社会最为注重的"德"与"功",其实都是指属于政治范畴的成就,而并非一般的道德修养与文化创造的事功。而所谓"立言",也往往是指有影响的政治学说。

在传统中国,政治等级确定了社会结构的秩序,政治动力影响着文化形态的衍变,政治意识形成为民族精神的主体。在这种背景下,中国政治形态具有得天独厚的发育条件方面的优势,因而以完备的政治组织,密集的政治人才,成熟的政治权略为特征,表现出独有的足以高效能地主导一切的力量。

那么，为什么人们在观察历代改革史的轨迹时，偏偏少有对政治体制改革的印象呢？

这是因为，首先，政治体制的改革往往要触动更深层的社会根基，牵涉更宽泛的社会层面，迎击更顽固的社会阻力，因而要艰难得多。其次，政治体制改革的形式往往与人们一般理解的改革不同，这种改革常常并不以"变法"、"更法"的形式出现，而有时是通过改朝换代实现的，这种形式，人们通常并不以改革视之。

比如，秦始皇翦灭六国，实现了统一，在全国推行郡县制，从而结束了实行分封的传统制度。《史记·秦始皇本纪》记载，秦始皇置酒咸阳宫，周青臣进颂说：过去秦国地方不过千里，"赖陛下神灵明圣，平定海内，放逐蛮夷，日月所照，莫不宾服，以诸侯为郡县，人人自安乐，无战争之患，传之万世，自上古不及陛下恩德"。齐人淳于越则指责周青臣"面谀以重陛下之过"，不是忠臣。他说，殷王朝和周王朝的政权维持了千余年，就是因为分封子弟功臣，"今陛下有海内，而子弟为匹夫"，如果政局有变，又有谁能够来相救呢？"事不师古而能长久者，非所闻也"。秦始皇让臣下就此进行辩论。丞相李斯说：五帝不相重复，三代不相因袭，各自分别有自己治理国家的政治风格，并不是有意标新立异，而是因为时代发生了变化的缘故。今天陛下创大业，建万世之功，当然是愚儒所不能够理解的。"且（淳于）越言乃三代之事，何足法也？"他同时批判儒学诸生"不师今而学古，以非当世"，"语皆道古以害今"，认为应当严厉制裁。通过这场政治原则究竟应当"师古"还是"师今"的著名辩论，可以知道，秦始皇废分封而立郡县的政治举措，其实具有破除旧制、推行新政的意义，因而实际上也是一次影响深远的政治体制改革。

汉初，政治也出现了引人注目的变局。这一变局的最突出的表现，就是变更秦政之所谓"繁法严刑"，"以暴虐为天下始"（贾谊：《过秦论》），为以"与民休息"为宗旨的"无为而治"。刘邦命陆贾著书总结秦王朝短促而亡的原因，陆贾在《新语·无为》中写道："秦代事功越烦，天下越乱；法禁越繁，奸宄越多。"秦始皇当时并不是不想实现天下大治，但正是因为举措太急暴，用刑太酷烈，导致了秦的灭亡。通过这样的历史教训，汉初统治集团认识到，只有轻徭、薄赋、慎刑，才能巩固自己的统治。于是"黄老无为"的政治思想占据了统治地位，汉高祖以及汉文帝、汉景帝时期"与民休息"的各项政策，正是"无为"思想的体现。汉惠帝、吕后当政时，丞相曹参沿袭萧何辅佐汉高祖的行政传统，一切无所变更。15 年中，很少兴发大役。汉惠帝时修筑长安城，每次调发民役不过 1个月，而且都在农闲时调发。汉惠帝四年（前 191年），又废除了秦始皇焚书时颁行的《挟书律》。吕后元年（前 187 年），还废除了夷三族罪和以过误之语为妖言而加以重责的所谓《妖言令》。文景时代，又在法律制度方面进行了一些改革。汉文帝下令废除了汉律中沿袭秦律而来的收孥相坐律令。汉文帝和汉景帝还废除了黥、劓等刑罚形式，减轻了笞刑。在这一时期，官吏较少滥用刑罚，断狱但责大指，不求细苛，定刑可轻可重时，从轻处理。于是，汉初形成了政治比较安定，社会比较平和的局面，这一成功，特别在汉文帝、汉景帝时代表现尤为突出，于是所谓"文景之治"，被看做中国历史上著名的盛世。

不过，当时的执政者并不把这种变化称为"变法"或者"改革"。他们称此为"拨乱反正"、"顺流更始"。

《公羊传·哀公十四年》中，已经有"拨乱世，反诸正"的说法。《汉书·礼乐志》说汉初形势："汉兴，拨乱反正，日不暇给。""顺流更始"的说法，见于《史记·萧相国世家》："及汉兴，依日月之末光，（萧）何谨守管龠，因民之疾秦法，顺流与之更始。"所谓"顺流"，指顺应社会潮流，顺应民心。所谓"更始"，则是指创始、更新、除旧布新。司马相如在《上林赋》中就曾经写道："出德号，省刑罚，改制度，易服色，革正朔，与天下为更始。"以"更始"为改革的文例，在《史记》中还可以看到："迁九鼎，修周政，与天下更始。"（《齐太公世家》）"圣人者日新，改作更始。"（《匈奴列传》）"更正朔，与天下为始。"（《司马相如列传》）"取之以暴强而治之以文理，无逆四时，必亲贤士；与阴阳化，鬼神为使；通于天地，与之为友。诸侯宾服，民众殷喜。邦家安宁，与世更始。"（《龟策列传》）

所谓"拨乱反正"，所谓"顺流更始"，实际上说的也是改革。

变法的理论和变法的实践

在总结历代变法的历史时，我们可以看到，变法是以实际为出发点的，主持变法的改革家又大多都以实干家著称，重视实证，重视实践，重视实效。这些特点，都体现出有益于文化进步的积极意义。但是，一些改革家却以实用主义的倾向看待理论，漠视改革的理论准备和理论建设，以致在改革发动之前，理论准备不够充分，理论突破不够果敢，理论基础不够坚实；因而在改革进行中，理论解说不够圆满，理论动力不够强劲，理论保障不够周密。

于是，从理论背景来说，变法的反对派往往占据更稳固的文化基地，往往拥有更雄厚的文化资源。这经常是变法遭受挫折和走向失败的主要原因之一。思考这一问题，我们会注意传统政治理论的两面性。在反思中国变法史的时候，分析中国传统政治理论的作用，可以发现这样两个特点：首先，各派政治学说几乎都包含有关可以用以推促变法的积极内容；其次，各派政治学说又几乎都可以利用来反对变法。

众所周知，法家学说是较富有进取性的学说。法家学说和改革实践的联系也最为紧密。《商君书·更法》的篇名就旗帜鲜明地肯定了改革的合理性。其中记述，针对反对派"圣人不易民而教，知者不变法而治"，"利不百，不变法"，以及"法古无过，循礼无邪"的论调，公孙鞅说："前世不同教，何古之法？帝王不相复，何礼之循?"历代圣人"各当时而立法，因事而制礼"，所以说，"礼法以时而定，制令各顺其宜"，"治世不一道，便国不必法古"。《韩非子·五蠹》中历数古今圣人所行制度的不同时，也说道:"圣人不期修古，不法常可，论世之事，因为之备。"指出，英明公正、成熟练达的政治家不执著于维护古制，不拘泥于继承常规，只是根据当时的具体时势，作出正确的决策。随后又讲述了"守株待兔"的著名故事，并且指出:"今欲以先王之政，治当世之民，皆守株之类也。"作者还强调，"古今异俗，新故异备"。"世异则事异"，"事异则备变"。

管子的学说，也有"修旧法"的内容（《国语·齐语》)。有人认为，"井田之废，始于管仲作内政"(〔明〕张燧:《千百年眼》卷二)。元人陈孚的题《管仲》诗就写道:"画野分民乱井田，百王礼乐散寒烟。平生一勺横污水，不信东溟浪沃天。"其实，我们还没有看到明确的证据说明管仲推行过废"井田"的改革，但是可以说，管子倾向于改革的思想，已经开始动摇了包括"井田制"在内的旧制度。所谓"画野分民乱井田"的一个"乱"字，可能比较准确地反映了管子"修旧法"的学说对"百王礼乐"的冲击。

阴阳家最著名的代表人物邹衍所宣传的学说，据说有"深观阴阳消息而作怪迂之变"的特点，这里所谓"怪迂之变"，很可能是一种具有浓重神秘主义色彩的关于"变"的理论。他认为，历史是不断发展变化的过程，这样的过程表现出一种规律，就是"五德转移，治各有宜"（《史记·孟子荀卿列传》）。这种理论未必符合历史科学的基本原则，但是，却也肯定了"变"的历史进步的方向。

《吕氏春秋》是具有杂家性质的理论集成。其中的《察今》篇，就集中陈说了主张因时变法的观点。其中写道："古之命多不通乎今之言者，今之法多不合乎古之法者。"因此，"先王之法"，"不可得而法"。荆人准备袭击宋国，派人先考察了涌水的水文状况，在可以涉渡的地方作了路标。不料涌水暴涨，荆人不知，夜间仍然循原先的路标涉渡，以致一千余名官兵溺死在河中。"今世之主，法先王之法者，有似于此。"以僵化的观点固守"先王之法"者，其实都是如此。作者随后又写道："治国无法则乱，守法而弗变则悖。悖乱不可以持国。世易时移，变法宜矣。"时事如果有所移易，必然将导致变法。就好比"良医"治病，"病万变，药亦万变"。如果"病变而药不变"，那么，以前可以治病的药，现在却可以致人于死。所以说，"变法者因时而化"。"因时变法者，贤主也"。《吕氏春秋》的作者在《察今》篇中又讲述了著名的"刻舟求剑"的故事，随即又阐述了在时势转变之后，政治也应当革新的观点："舟已行矣，而剑不行，求剑若此，不亦惑乎？以此故法为其国与此同。时已徙矣，而法不徙，以此为治，岂不难哉？"

人们公认以平和保守为基本特征的儒家学说，其实也有顺应时势、积极进取的一面。例如，被儒学列为经典的《周易》，所以定名为"易"，据说就是"取变化之义"："夫'易'者，变化之总名，改换之殊称。自天地开辟，阴阳运行，寒暑迭来，日月更出，孚萌庶类，亭毒群品，新新不停，生生相续，莫非资变化之力，换代之功。"（《周易正义》）"变化"、"改换"，无穷尽的"新新不停，生生相续"，是天地万物的规律。人类社会也是如此，文化、政治形态的演进，当然也是如此。在《周易》中，我们可以看到诸如所谓"穷则变，变则通，通则久"（《系辞下》）等充满积极意义的内容。又如："在天成象，在地成形，变化见矣。""天生神物，圣人则之。天地变化，圣人效之。""变而通之以尽利。"（《系辞上》）"刚柔相推，变在其中矣。""刚柔者，立本者也。变通者，趋时者也。""易之为书也不可远，为道也屡迁，变动不居。""变动以利言。"（《系辞下》）主张"变化"、"变通"、"变动"的思想，被重复再三，给人们留下了突出的印象。

甚至在《礼记》一书中，也可以看到倾向比较接近的内容。如："夫礼必本于大一，分而为天地，转而为阴阳，变而为四时。""夫礼必本于天，动而之地，列而之事，变而从时。"（《礼运》）"礼"的内涵中，有因"时"而"变"的内容。又如："明则动，动则变，变则化，唯天下至诚为能化。"（《中庸》）"丧有四制，变而从宜，取之四时也。"（《丧服四制》）所谓"动则变，变则化"，所谓"变而从宜"，如果从历史哲学和政治哲学的角度来认识，显然可以作为改革实践的理论支持。

陆贾，是汉初以儒者身份从事辩说的一代名士，他的著作，《汉书·艺文志》列于儒家一类。然而，我们在他的《新语·术事》中，可以看到所谓"善言古者合之于今，能述远者考之于近"。陆贾明确主张，"言古"、"述远"，必须切合于"今""近"之时世。这样的观点，和《荀子·性恶》中说到的"善言古者必有节于今"，是一致的。（同样的论点，《汉书·董仲舒传》写做"善言古者必有验于今"）陆贾在《新语·明诫》中还写道："尧、舜不易日月而兴，桀、纣不易星辰而亡，天道不改而人道易也。"也肯定"人道"的"易"，有桀、纣那样不合于"天道"的情形，也有尧、舜那样合于"天道"的情形。

黄老之学历来以淡泊消极著称，但是，我们从长沙马王堆汉墓出土《老子》乙本卷前古佚书中反映黄老政治思想的内容中，仍然能够看到主张积极进取的观点。例如，《十六经·顺道》体出"主柔"的原则，《十六经·称》也说"柔节先定，善予不争"，但是这里所说的"柔"，并不是绝对的保守，绝对的消极，而是所谓"以刚为柔者栝（活）"（《经法·名理》）中说到的"以刚为柔"。这里所说的"不争"，也不是绝对的被动，绝对的无为，而是"常后而不失体"（《十六经·顺道》）。先争者固然凶，但是"不争亦无成功"（《十六经·五正》）。因而，所谓"柔"，所谓"不争"，其实只是作为一种基本的策略而被利用，这就是所谓"柔身以寺（待）者时"，只要条件成熟，时机适合，就必须"争"，"当天时，与之皆断，当断不断，反受其乱"。(《十六经·观》)在这样的政治理论中，也有明确强调"变"与"化"的积极意义，即主张变革的内容。例如《经法·论》中说道："不应动静之化，则事窘于内而举窘于外。""应动静之化，则事得于内而举得于外。"以为"人主"的思想言行必须"应动静之化"，才有可能内事顺利，外举成功。帝王管理天下，应当认识到："四时有度，动静有立（位），而外内有处。"内政与外事的处理，必须合于"四时""动静"诸种条件的变化。在这篇文字中，还说到帝王应当掌握的"六枋（柄）：一曰'观'，二曰'论'，三曰'僮'（动），四曰'转'，五曰'变'，六曰'化'。'观'，则知死生之国；'论'，则知存亡兴坏之所在；'动'，则能破强兴弱；'抟'（转），则不失讳（趄）非之□；'变'，则伐死养生；'化'，则能明德徐（除）害。六枋（柄）备，则王矣。""人主"如果掌握了"六枋（柄）"即从事政治管理的 6 项基本原则，则可以成功地治理天下。在所谓"六枋（柄）"之中，后四项，即"动"、"转"、"变"、"化"，显然都与调整和变革政治方式有关。

我们还看到，各派政治学说又几乎都可以利用来反对变法。早期思想家的学说，往往文辞简古，语义深远，以致后人常常可以生发出不同的解释。于是，有些理论，对于变法和反变法来说，有时能够成为正反两用的双刃剑。

儒学保守的特质为许多人所公认。儒学经典中确实每每可以看到对改革意识的否定。《尚书·微子之命》："率由典常，以蕃王室。"《诗·大雅·假乐》："不愆不忘，率由旧章。"都指行政循用旧典，遵守成规。孟子说，现今有些君王，虽然有仁爱的愿望和仁爱的声誉，但是民众没有能够享受到恩泽，后世也不可能承认其成功，就是因为他们不遵行"先王之道"的缘故，所以说，"徒善不足以为政，徒法不足以自行。《诗》云：'不愆不忘，率由旧章。'遵先王之法而过者，未之有也"。（《孟子·离娄上》）只是有良好的愿望，只是有完备的法令，都不足以行政成功，《诗经》强调："不要出现偏差，不要有所疏忽，一切都遵循传统的制度。"遵行先王之法而出现错误，是从来没有的事情。《左传·昭公六年》记述，子产在郑国主持政务，实行改革，"作封洫，立谤政，制参辟，铸刑书"。叔向致书子产，予以指责：你实行这些措施，要想以此治理国家，怎么可以成功呢？结果只能是民众抛弃礼义，"乱狱滋丰，贿赂并行"，郑国就要败亡在你专权的这个阶段了。我听说，"国将亡，必多制"，说的就是目前郑国的情形吧！所谓"必多制"，杜预解释说："数改法。"也就是说，变法改革，被保守派看做国家衰亡的征兆。孔子说："周监乎二代，郁郁乎文哉！吾从周。"（《论语·八佾》）又说："吾学周礼，今用之，吾从周。"（《礼记·中庸》）孔子"吾从周"的说法，又见于《礼记·檀弓下》和《礼记·坊记》。在社会剧烈动荡，各国相继进行改革、推出新政的时代，却念念不忘陈旧的周制，并且一再表示要坚定地遵循这过时的政治原则，表现出孔子学说的保守性。这种倾向，对于后世一直有非常深刻的影响。

黄老思想明显具有淡泊消极的特点。作为其理论基点之一的，是"不争"的原则。老子的理论，甚至表现出绝对否定一切历史进步，否定一切文明进步的倾向。进步，很可能反而是堕落或变态。在老子阐述的论点中，我们还可以感觉到一种对政治生活和权力关系的真正的冷漠，如："其政闷闷，其人醇醇；其政察察，其人缺缺。"（《老子》五十八章）这样的理论，不大能够被利用来反对改革，但是却常常能够产生瓦解、消散改革力量的影响。

此外，我们引述过的长沙马王堆汉墓出土《老子》乙种卷前古佚书中，也有和前引内容意义相反的语句，如："至正者静，至静者圣。……应化之道，平衡而止。轻重不称，是胃（谓）失道。"（《经法·道法》）"变故乱常，擅制更爽，心欲是行，身危有〔殃，是〕胃（谓）过极失常。"（《经法·国次》）这样的理论，当然是不利于变法和改革的。

法家的理论是在变法改革的实践中形成并且产生广泛的社会影响的。但是，其中某些内容，仍然是对变法改革事业有害的。例如慎子重权势而诎贤者的理论，韩非过分地强调"势"的历史作用的主张等，都是不利于变法的。《韩非子·定法》曾经批评申不害推行的"新法"："晋之故法未息，而韩之新法又生；先君之令未收，而后君之令又下。申不害不擅其法，不一其宪令，则奸多。故利在故法前令则道之，利在新

法后令则道之。新故相反，前后相悖。"其实，法家
狭隘的功利主义思想在韩非的理论中也有体现，如
《韩非子·问辩》就明确地说："夫言行者，以功用为
之的彀者也。"所以贾谊《新书》对法家有"并心于
进取"的批评。这种功利主义的追求，很容易引致实
用主义的策略。因而所谓法令政策"新故相反，前后
相悖"的现象的发生，是很自然的。此外，又如有的
学者所曾经指出的，"古代法家是中国历史上富有优
良传统的战斗人物"。"法家的历史命运之所以有悲剧
的结果，是因为他们一方面以法术之士的资格和贵族
斗争，但他方面又以接近权势者的资格，和贵族妥
协。他们的'术'的机会主义性质，不但减低了理论
的价值，而且限制了国民阶级的人格发展。这种
'法'、'术'平行不废的政策，到了汉代，便转变成
酷吏的惟'术'是用的统治政策，法家的优良传统在
'内法外儒'的形式下被斩断了。"（侯外庐等：《中
国思想通史》第 1 卷，人民出版社，1957，第 596
页、第 625 页）

　　考察历史上变法的理论和变法的实践，还应当注
意一种情形，就是有的变法主张是无法付诸实践的。
《白虎通·三正》说："王者有改道之文，无改道之
实。"涉及改革的理论和改革的实践相脱离的情形。历
史上常常可以看到改革者提出的变法主张不具备在实
践中的可操作性的事例，如宋代李觏以及明代颜元等
人恢复"井田制"的主张。

　　在回顾变法史时，还有一种历史文化现象引人注

目。这就是没有理论准备的变法实践。理论脱离"时势",就不可能在改革中付诸实践。另一方面,变法运动如果缺乏必要的理论准备,也难免遭到摧折,归于失败。说起因改制失败而身败名裂的史例,人们可能都会想到王莽。

王莽改制没有充分的理论准备。王莽政权的最高决策集团,在确定改革的方向和步骤时,没有经过成熟的理论思考;在推行改革的法令和措施时,也没有进行必要的理论说明。他们只是简单地以古制如此作为改革的理论基础。分田授田的规定,是依照孟子所谓"井田制"一夫一妻授田百亩的原则制定的。"五均六筦"制度的名号,也是儒者刘歆以古文经《周礼》和《乐经》为依据提出来的。这一现象,不仅反映了提出新政的当权者策略方式的简单和迂腐,尤其反映了他们理论背景的空虚和贫弱。耐人寻味的是,"五均"政策,本来是以汉武帝"平准法"为基点制定的,而"六筦"中,盐、铁专卖和政府铸钱也都是承袭汉武帝旧制,酒的专卖,汉武帝时代也曾经实行,但是新法的宣布,并不对汉武帝时代制度的利弊与成败进行总结和说明,却只是以古制相标榜。王莽先据《尧典》正十二州名分界,又据《禹贡》改为九州。又曾经"以《周官》、《王制》之文"更改地名官名。还曾经依《周礼》"下吏禄制度"。"制度烦碎如此",正是因为他和他依靠的决策集团并没有改革思想以为理论基础,只是"专念稽古之事"。改制的惨败,势所必然。

"托古改制"：变法的策略形式

中国历代变法，作为由统治阶级内部革新派发起的变革政治体制与行政方针，调整阶级关系的政治运动，是中国传统政治形态演变过程中最重要的历史文化现象之一。历史上主持变法的改革家往往在社会矛盾十分尖锐的情势下，从自救图强的目的出发，力求积极调节陈旧的社会结构，以适应新的形势，在客观上顺应了历史不断前进的趋向。变法是破旧立新的事业，革新派和保守派之间常常因此展开殊死的搏斗。变法革新，首先必然以蔑视古制、批判旧法为基点。然而中国历代变法有一个突出的特点，就是作为变法运动主持者的革新派领袖几乎无一例外地在变法的舆论准备和变法的具体实践过程中，总是以先古圣王为号召，以上古制度为标榜，这就是所谓"托古改制"。

历代主持变法的改革家所依托的先古圣王和他们的制度，因时势不同，各有厚薄扬抑，但是大略共同有尧、舜、禹、汤、文、武及其制度。后来孔、孟以"集诸圣人之事，而大成万世之法"（王安石：《王文公文集》卷二八《夫子贤于尧舜》），也跻身于先圣之列。"托古改制"被历代变法运动作为共同的策略手段，成为一种发人深思的重要的文化现象。认真考察这一现象，分析这一现象的社会根源和文化背景，应当有助于深化对中国变法史、中国改革史的若干规律的认识，也有助于深化对中国传统文化的某些基本特质的认识。

(1) 慕古·依古·准古改革的特殊模式。

《尚书》中有《盘庚》三篇，范文澜先生曾经判定"是无可怀疑的商朝遗文"（《中国通史》第 1 册，人民出版社，1978，第 45 页），其内容记述了盘庚令贵族与民众迁殷的历史事迹。迁都的主要原因之一，是为了革除"乱政"，以"安定厥邦"。盘庚迁都之举，实有改良政治的性质，因而常常为后世改革家引为典范。《盘庚》三篇，是盘庚对"众"和"民"发布的谈话和命令，其中对执政阶层的腐败现象多所指责，告诫他们，如果仍然不悔改，将被无情"断弃"，"不救乃死"。并且提出要改善政务，"若网在纲，有条而不紊"。其内容，无异于一篇旗帜鲜明的改革宣言。而全文千余字，其中说到"先王"、"先后"凡 20 余次，不仅以所谓"从先王之烈"、"绍复先王之大业"作为鼓动口号，并且强调"（先王）不常厥邑，于今五邦"，"先王不怀厥攸作，视民利用迁"，以"先王"也曾经多所迁徙的事实，作为迁都决策的依据。此外，还以所谓"先王""崇降罪疾"以及"崇降弗祥"来威胁反对派。据说由于盘庚胜利迁殷，缓和了当时的社会矛盾，推动了经济的发展，"然后百姓由宁，殷道复兴，诸侯来朝，以其遵成汤之德也"。（《史记·殷本纪》）帝盘庚也因此成为"百姓思之"的中兴贤王。

春秋战国时期，是变法改革的浪潮猛烈冲击各国的动荡年代。辅佐齐桓公建立霸业的著名改革家管仲致力于政权和社会组织的重新建设，以及经济制度的建立和健全，获得了极大的成功。他在由鲁国到齐国初见齐桓公时，齐桓公亲至于郊，恭迎问政。管仲在开始陈述自己的改革主张时，开篇即称颂"昔吾先王昭王、穆王，世法文、武远绩以成名"，主张根据"昔者圣王之治天下"的法度，以"昔圣王之处士"、"处工"、"处商"、"处农"的方式来明确社会各阶级、阶层的等级和义务，稳定国家的政治基础，增强国家的行政效能。管仲后来实践了他的改革主张，在此基础上，又推行了一系列新的经济政策，使齐国得以迅速富强起来。司马迁在《史记·管晏列传》中这样肯定管仲的政治成功："管仲既用，任政于齐，齐桓公以霸，九合诸侯，一匡天下，管仲之谋也。"我们从《管子》一书的内容看，管仲主持新的经济制度的建立，也每每托于燧人、黄帝、尧舜之王。

对于王莽改制的性质和意义，历来存在不同的认识。然而人们一般都注意到王莽改制是历史上最著名的以"托古"形式进行改革的实例。王莽很早就已经受到所谓"伪稽黄、虞，缪称典文"（《汉书·叙传》），"专念稽古之事"，"制度烦碎"（《汉书·王莽传中》），"好空言，慕古法"（《汉书·王莽传下》）等批评，《汉书·食货志上》也说他"动欲慕古，不度时宜"。王莽改制的失败，成为千古笑柄，然而他的策略方式，对于我们认识中国古代政治史的某些规律，仍然有重要的启示意义。

从历史上多次变法运动的形式看，虽然时代不同，背景不同，基点不同，内容不同，步骤不同，结局不同，除弊与创新的程度不同，却几乎无一例外地都表现出共同的"托古改制"的特点。我们注意到中国历代变法的这一突出的特点，还有必要考察这一特点形成的文化背景和历史影响。

（2）"尊古"传统的文化背景。

历代变法运动常常取"托古改制"的形式，分析其具体因由，大致有这样 3 种情形值得特别注意。

①激进的社会改革家也难以超越其历史局限，摆脱传统心理的强大影响。中国是文化遗产最为丰厚的文明古国，然而以此得益，也以此贻害；以此为长处，也以此为短处。人们习于事事顾视以往而缺乏正视现实、开拓未来的精神。而作为底蕴凝聚数千年文化精华的知识分子主持改革，更往往缅怀追想先古圣王，把当代的奋斗作为先古圣王事业的延续。《孟子·尽心下》："充实而有光辉之谓大，大而化之之谓圣，圣而不可知之之谓神。"先古圣王正是由于千百年来世人的全力托举，才得以以富有神秘色彩的偶像在历史上长久实现精神统治的。王安石曾经有题为《非礼之礼》的重要政论，开篇就说道："古之人以是为'礼'，而吾今必非之，是未必合于古之'礼'也。古之人以是为'义'，而吾今必非之，是未必合于古之'义'也。"（《王文公文集》卷二八）王安石认为，圣人也是"贵乎权时之变"的。他主张"变"，主张未可"必由"古人之是非。这样的观点，固然可以说是步伐健阔地离开了先古圣王的旧路，然而又言必称汤、武、

孔、孟，归根结底仍然在追求"合于古之'礼'"，"合于古之'义'"。其内心，显然是在期望与先古圣王所规划的总体政治模式顺合而不悖。

②主持变法的改革家取先古圣王执政思想中"应变而制今"的一面，作为变法事业的理论基柱和文化支点。不少改革家本着"天行健，君子以自强不息"（《周易·乾》）的进取精神，着意领会先古圣人"穷则变，变则通"（《周易·系辞下》）的思想原则，追慕往古"大圣""知通乎大道，应变而不穷"（《荀子·哀公》）的积极而成熟的政治意识，并且以为变法事业的指导。新政的制度形式所以仿古，也是这种心理的一种曲折反射。

③推进变法的改革派借用圣王事迹和先古制度以为宣传鼓动手段，号召朝野，呼吁支持，争取同情，反击反对派的诘难。班固评价王莽，曾经说他"诵《六艺》以文奸言"（《汉书·王莽传下》）。朱熹针对王安石借用《周礼》的手段，也说："彼安石之所谓《周礼》，乃姑取其附于己意者，而借其名高以服众口耳，岂真有意于古者哉！""及论先王之政，则又骋私意，饰奸言。"（《朱文公文集》卷七〇《读两陈谏议遗墨》）清人编修《四库全书》，其中王安石《周官新义》一书《提要》中说："《周礼》之不可行于后世，微特人人知之，安石亦未尝不知也。安石之意，本以宋当积弱之后，而欲济之以富强，又惧富强之说必为儒者所排击，于是附会经义以钳儒者之口，实非真信《周礼》为可行。"认为王安石的意图，在于"附会"

儒学"经义"，以对付儒者对"富强之说"和改革实践的"排击"。这样的分析，可能是符合历史事实的。

应当看到，迷信先古圣王的神明和先古制度的优越，是传统的民族心理的特征之一。《庄子·外物》说："夫尊古而卑今，学者之流也。"《新语·术事》也说："世俗以为自古而传之者为重，以今之作者为轻。"桓谭《新论》："世咸尊古卑今，贵所闻，贱所见。"王充在《论衡》中也说到了这一文化现象："世儒学者，好信师而是古，以为贤圣所言皆无非，专精讲习，不知难问。"（《问孔》）"夫俗好珍古不贵今，谓今之文不如古书。夫古今一也，才有高下，言有是非，不论善恶而徒贵古，是谓古人贤今人也。"（《案书》）张衡《东京赋》："末学肤受，贵耳而贱目者也。"《抱朴子·广譬》："贵远而贱近者，常人之用情也；信耳而遗目者，古今之所患也。"南朝梁人江淹《杂体三十首序》写道："贵远贱近，人之常情；重耳轻目，俗之恒弊。"《文心雕龙·知音》中也说到"贵古贱今"的文化偏见。《颜氏家训·慕贤》也说："世人多蔽，贵耳贱目，重遥轻近。"这种情感倾向形成了一种影响久远的文化传统。清代文学家李渔在《闲情偶寄·词曲上·音律》中也写道："贵远贱近，慕古薄今，天下之通情也。"基于先祖崇拜而产生的这种"尊古"的意识，也影响到政治生活。《淮南子·修务》中就曾经指出："世俗之人，多尊古而贱今。故为道者，必托之于神农、黄帝，而后能入说。"因为存在"尊古而贱今"的世俗流行观念，所以提出新的政治理论的人，往往托言神农、黄帝，然后才能形成影响。

纠正这种偏向的要求也是古已有之的。许多学者在指出这种倾向的同时，就表示了一种批判的态度。《管子·正世》中，还曾经明确提出过所谓"不慕古，不留今，与时变，与俗化"的观点。这种立场，当然是正确的。不过，在中国传统社会中，要真正始终坚持这种正确的立场，可能是相当困难的。

"尊古"心理的形成和影响，在很大程度上与古代宗法制度有关。宗法制度由原始父系家族公社的父系家长制演变而来，曾经是早期国家统治结构的基础。祖先崇拜是这一制度的主要特征之一。在上古时代，宗法秩序长期被作为确定政治制度的主要支柱。以血统嫡庶确定家族的等级，在同一家族内部则以世序确定等级。历代帝王多标榜"尊祖"、"敬老"、"以孝治天下"，又往往将最遥远的先祖与神话人物相攀引，于是政权、族权、神权相互结合，一方面规定了全民必须遵守的道德教条，同时也给种种社会改革预先加上了千万条古老的绳索。

"尊古"心理的形成和影响，又是以传统小生产的经济结构作为前提的。小生产的经营方式本质上是封闭的、狭隘的，其节奏是相对迟滞的。小生产重视继承而轻视发明和创新。由自给自足的自然经济所决定，小生产者的社交圈极其狭小，对于他们来说，祖孙、父子这种纵的人际关系远比乡邻友好这种横的人际关系重要得多。小生产重视经验，生产技术是代代相传的。在这种经济关系的作用下，自然会产生对拥有经验优势的先祖的尊崇。农耕生活以太阳年为生产周期的节奏规律，也决定了个体农人相对迂缓的性格特征以及主张平和，反对激烈变动的心理倾向。而"尊古"心理相对保守、消极的特点，也恰恰与此相合。

"尊古"成为传统的民族心理，自然经历了一定的历史过程。《礼记·祭法》中曾经说："夫圣王之制祭祀也，法施于民则祀之，以死勤事则祀之，以劳定国则祀之，能御大灾则祀之，能捍大患则祀之。"可见，"先王"之最初受到尊崇，是因为于国于民曾经建立过功勋。据顾颉刚考证，所谓"圣"，最初的字义不过是指聪明的人，到后世才成为高不可及的偶像或者超人（顾颉刚：《"圣"、"贤"观念和字义的演变》，《中国哲学》第1辑）。在春秋战国这一社会动荡时代，社会意识也在发生相应的变化。以"大一统"来结束战争苦难的社会需要，产生期望出现伟大人物安定天下的共同愿望。于是发生了将曾经是生气勃勃的政治活动家的先古圣王理想化、神秘化、偶像化的情形。《管子·正世》说："'圣人'者，明于治乱之道，司于人事之终始者也。"《孟子·离娄下》也说，"'圣人'，人伦之至也。"其行为"皆法尧、舜"。《荀子·解蔽》中也写道："'圣'也者，尽伦者也；'王'也者，尽制者也；两尽者，足以为天下极矣。""圣"，达到道德的极致；"王"，达到政治的极致；"圣王"，即两者都实现完满尽致，其人文成就于是成为天下敬仰的最高的顶峰。到了孟子鼓吹"遵先王之法而过者，未之有也"（《孟子·离娄上》）的历史时期，后来影响中国政治生活千百年的先古圣王，其威严冷峻的面目的基本轮廓，已经初步形成。

先秦诸子阐述义理，一般以为有"法先王"和"法后王"两种主张。多以为孔子、墨子"法先王"而荀子"法后王"。其实，荀子所谓"后王"，也并非当代之君，只不过是指距当时稍近的周文王和周武王而言。《荀子·非相》说："礼莫大于圣王。""欲观圣王之迹，则于其粲然者矣，后王是也。""欲知上世，则审周道。"《荀子·王制》又说："道过三代谓之荡，法贰后王谓之不雅。"荀子又认为，"文、武之道同伏羲"。（《荀子·成相》）其侧重周道的本义，其实与孔子所谓"周监乎二代，郁郁乎文哉！吾从周"（《论语·八佾》）是一致的。《荀子·成相》所谓"至治之极复后王"，一个"复"字，显示出追慕往古的思想核心。所以可以说，荀子的"法后王"与孟子的"法先王"，都是从继承现成政治模式的角度来说，其实并没有实质的不同。在当时的历史动荡时期，保守派以古制和旧礼反对变法革新，而新兴的社会力量在取得政权以后，有时也因"法已定矣"（《韩非子·饬令》）而转而采取比较保守的政治立场，不仅不再强调变法的进步意义，反而以为"治大国而数变法，则民苦之。是以有道之君贵静，不重变法"。（《韩非子·解老》）在以极端专制主义作为指导政治思想的理论基础的制度建立之后，所谓"以旧礼为无所用而去之者，必有重患"，（《礼记·经解》）主张用先古制度来维护统治秩序的守旧思想的顽固性，更突出地表现出来。

当大一统的专制主义帝国建立和巩固之后，由于当政者的刻意宣传，先古圣王愈益成为毫无生气的偶像，"尊古"观念成为禁锢人们思想的千年枷锁。学界中人都以是否熟习先代圣王的业绩，作为衡量学识的基本尺度。政界中人都以能否援引前古遗制，作为判定才能的基本尺度。

入主中原的少数民族，原本没有明显的"尊古崇圣"的传统，然而在受到汉文化的影响之后，其政治观念也被套入这一古老的框架中。在推行改革的时候，也不得不采用"托古改制"的方式。北魏孝文帝改革是如此，忽必烈修正蒙古旧制也是如此。

"托古改制"作为改革派推行变法的策略手段，或许的确可以得益于一时，但是另一方面，这种策略方式又先自规定了变法的局限性，并且可能在一定条件下对变法形成危害，甚至可以最终导致变法的挫败。

在"托古改制"的框架内，变法运动往往难以彻底冲决传统的制约。推进变法的改革派虽然常常可以对古制作全新的解释，然而仍然不能完全摆脱古制沉固有力的消极影响。"托古"本身，已经规定了变法运动进展的最终极限。在"托古"的旗帜下，改革派往往只能进行不根本触动旧制度基础的渐进性改革，或者只对旧制度进行有限的调整和修补，尽可能少破坏地、审慎地、缓慢地、逐渐地来改造旧的体制。变更与创新的思想新芽被附接在传统制度的枯根上，自然决定了其生命力的微弱。鲁迅在分析历史上变法改革的挫折和失败时，并不是简单地、空泛地慨叹改革派的历史局限与阶级局限，而是试图寻找历史文化方面的深刻原因。他曾经指出："许多历史学家说，人类的历史是进化的，那么，中国当然不会在例外，但看中国进化的情形，却有两种很特别的现象：一种是新的来了好久之后而旧的又回复过来，即是反复；一种是新的来了好久之后而旧的并不废去，即是羼杂。然而就并不进化吗？那也不然，只是比较的慢，使我们性急的人，有一日三秋之感罢了。"（《中国小说史略》附录《中国小说的历史的变迁》）鲁迅因而希望能够出现"将碍脚的旧轨道不论整条或碎片，一扫而空"的"革新的破坏者"。（《坟·再论雷峰塔的倒掉》）他大声疾呼："蔑弃古训，是刻不容缓的了！"（《华盖集·北京通信》）他号召青年一代为了改革，为了发展，为了进步，"无论是古是今，是人是鬼，是《三坟》、《五典》，百宋千元，天球河图，金人玉佛，祖传丸散，秘制膏丹，全都踏倒它。"（《华盖集·忽然想到六》）

另一方面，推进变法的改革派以"托古改制"作为策略手段，往往不足以有力驳斥反对派的诘难和攻击。于是，双方常常各引经据典，长久陷入无休止的无谓争辩中。

此外，"托古改制"所导致的改革派本身的思想混乱和政策迷失，常常使变法运动因循往古而不度时宜，出现违背变法主流的逆潮。例如，王莽企图以改良方式解决西汉晚期的土地兼并问题，仿古行"王田"制度，结果使得社会经济危机益发严重，终于导致了西汉末年的政治大动乱。

马克思指出，历史创造不能摆脱既定的旧条件的制约，"一切已死的先辈们的传统，像梦魇一样纠缠着活人的头脑"。在革命危机时代，人们往往"战战兢兢地请出亡灵来给他们以帮助，借用他们的名字、战斗口号和衣服，以便穿着这种久受崇敬的服装，用这种借来的语言，演出世界历史的新场面。例如，路德换上了使徒保罗的服装，1789—1814 年的革命依次穿上了罗马共和国和罗马帝国的服装，而 1848 年的革命就只知道时而勉强模仿 1789 年，时而又模仿 1793—1795 年的革命传统。"马克思这里说到的历史现象，有些像是西方版本的"托古改制"。

然而，我们将这些西方资产阶级兴起时代马克思称之为"世界历史上这些召唤亡灵的行动"的政治现象与中国的情形相比较，就会发现十分显著的差别。

第一，西方社会革命"召唤亡灵"，借用古人的名字和战斗口号时，往往取其蓬勃勇进的斗争精神，也就是马克思所谓"热情和幻想"，"为了要把自己的热情保持在伟大历史悲剧的高度上所必需的理想、艺术形式和幻想"。例如，"法国人在从事于革命的时候，总不能摆脱对拿破仑的追念"。而中国传统社会的改革，则极少见公开地以前代改革家为榜样，作为政治改革事业精神依托的，常常是远古高大而冷漠的圣王，其思想和言行简阔而模糊，其形象由于往往为后人所塑造，所以具有两面性的特点，既可以为改革派利用，也可以为保守派利用。

第二，西方社会革命"使死人复生"，往往"是为了赞美新的斗争，而不是为了勉强模仿旧的斗争；是为了提高想象中的某一任务的意义，而不是为了回避在现实中解决这个任务；是为了再度找到革命的精神，而不是为了让革命的幽灵重行游荡起来"。也就是说，只是从中"找到革命的精神"，而最终将推进改革的使命，将"在现实中解决这个任务"的责任，承担在自己肩上，并不是交托古人。而中国传统社会的改革家却往往真心以为"先古圣王"能够在关键时刻为改革付出决定性的推动力。

第三，西方社会革命一旦成功，"远古的巨人连同一切复活的罗马古董""就都消失不见了"，"冷静务实的""资产阶级社会完全埋头于财富的创造与和平竞争，竟忘记了古罗马的幽灵曾经守护过它的摇篮"。而中国传统社会的改革家却往往始终恪守"先古圣王"的训条，无论是改革进行之中还是改革完成之后，一直以远古法度为应变不穷的定制，甚至对诸如"井田制"这样的先古土地制度的模式也始终恋恋不舍。

第四，进入资本主义时代以后，西方社会革命已经很少再看到"召唤亡灵"的形式。马克思说："从前的革命回忆过去的世界历史事件，为的是向自己隐瞒自己的内容。19世纪的革命一定要让死者去埋葬他们自己的死者，为的是自己能弄清自己的内容。从前是辞藻胜于内容，现在是内容胜于辞藻。"然而中国的改革家们，却久久难以摆脱传统的束缚。不仅康有为等以所谓"孔子改制"作为变法维新的理论依据，甚至孙中山也曾经借用《礼记·礼运》中"天下为公"的思想作为政治口号。"托古",或者说一定要在现成的理论和传统的精神中寻找改革的思想支柱,这种陈旧的方式,可以说至今仍然有一定的影响。

中国历代变法往往取"托古改制"的传统方式,表现出保守力量的强大和改革力量的软弱。改革家们"尊古"、"慕古"的思想特征及其所采取的"托古改制"的策略手段,与他们的知识结构、文化基点以及道德传统有必然的联系,其背景,可以归结于我们民族传统文化的消极性的特质。历史前进到了今天,人们已经逐渐认识到对这一种政治文化现象进行反思和清理的必要。马克思说,新时代的社会革命"不能从过去,而只能从未来汲取自己的诗情,它在破除一切对过去的事物的迷信以前,是不能开始实现自身的任务的"。(马克思:《路易·波拿巴的雾月十八日》,《马克思恩格斯选集》第1卷,第603~606页)中国的社会进步同样也是如此。如果我们通过深刻的分析,进一步明确这一历史文化现象的"源"与"流",或许会有利于排除以往的浅见和偏向,为了实现我们民族思想文化的现代化,增加一分推动力。

 变法运动与变法运动的主持者

变法运动是改革家策动和推进的。改革家的个人资质,对于改革运动的得失与成败有相当重要的影响。而改革运动的最终结局,往往也在根本上决定了改革家的个人命运。

（1）变法的节奏特色与变法运动主持者的节奏风格。

变法运动一般是以激烈的节奏形式演现在历史过程中的。在秦国推进变法取得伟大成功的商鞅，在实行改革的政治实践中也表现出激进果敢的风格。新法形成"残伤民以峻刑"，以致"积怨蓄祸"的效应，应当是与商鞅的性格特征有关的。司马迁说："商君，其天资刻薄人也。"又说，考察商鞅的政治作为，"亦足以发明商君之少恩矣"。司马迁说，他曾经读商鞅的《开塞》、《耕战》书，"与其人行事相类"，就是说，他的理论和实践，都一致体现出峻急的风格。并且司马迁以为，商鞅变法的结局和商鞅本人的悲剧，以及商鞅死后所受到的批评，都和他的这种个性特征有关。"卒受恶名于秦，有以也夫！"（《史记·商君列传》）在商鞅之前的吴起，在商鞅之后的王安石、张居正，都因性格的"猜忍"、"刻暴"、"拗""狭"和节奏风格的急烈长期受到批评。

但是，我们在回顾变法的历史时，还会注意到历代变法运动的规律的另一个侧面，这就是，历史上的有些变法又是以比较缓进的形式推行的，当时变法运动的主持者则表现出比较稳重的个性特征。例如，在秦末至汉初曾经有活跃的政治表演的张良，按照一般的观点来看，虽然未必可以称为"改革家"，但是，他的突出的政治贡献，对于汉初以变更秦王朝暴政为基本特征的政治改革的成功，有着极其重要的作用，这却是没有疑义的。我们看到，司马迁在记述张良的事迹时，有意以浓重的笔墨特别描写了他的性格特征。

张良是韩国旧贵族。在秦王朝暴虐的统治下,秦汉之际政治舞台上最活跃的人物中,只有他最早反抗秦的暴政,并且曾经进行过直接针对秦始皇的武装斗争。司马迁在《史记·留侯世家》中记载,西汉王朝建立之后,看到新的政权已经得以巩固,数年来"常为画策臣,时时从汉王","与上从容言天下事甚众"的张良,推荐萧何为相国后,就表示"愿弃人间事",欲从仙人游,于是学辟谷、导引、轻身之术。(《史记·留侯世家》)他是以倾向黄老之学的实际的行动,为汉初否定暴政,走向以"与民休息"为政治主流的重大改革做了明确的导向。

(2)变法的道德旗帜与变法主持者的道德形象。

中国传统政治学说十分重视政治伦理与政治道德的力量对于政治得失的重要作用。在历代称颂的治世,圣王所获取的成功,都有道德的基础。而乱世君主失败的教训,也首先被归结于政治伦理与政治道德方面的"荒"与"乱"。于是,历代变法运动的主持者,都相当重视高举变法改制的道德旗帜,以道德口号进行变法的政治鼓动,以道德力量加强变法的政治保障。

在中国传统政治观念中,"立德",被置于"立功"之前。对历史人物进行道德品评,也是中国政治史的传统。班固作《汉书·古今人表》,把各色人等分为九个品级,这就是:①上上(圣人),②上中(仁人),③上下(智人),④中上,⑤中中,⑥中下,⑦下上,⑧下中,⑨下下(愚人)。他又说道:"可与为善,不可与为恶,是谓'上智'";"可与为恶,不可与为善，是谓'下愚'"；"可与为善，可与为恶，是谓'中人'。"可见"善"与"恶"，也可以作为区分"智"与"愚"的标准。道德水准，被看做历史人物"列九等之序"，评定上下级次的终极尺度。我们可以看到，历代变法运动的主持者，也都相当重视完善自己个人的道德包装，以道德形象强化改革的政治号召，以道德风范维护自己的政治地位。

"仁"，是儒学的精髓，也是中国传统政治伦理与传统政治道德的最基本的原则之一。孔子说："仁者，人也。"（《礼记·中庸》）又强调"仁"的实质，在于"爱人"。（《论语·颜渊》）所谓"仁"，实际上也是在提倡一种讲究平和宽容态度的政治生活准则。"仁政"的要义，正在于以这种态度调整统治集团内部的关系，缓和统治者与被统治者的关系，以求得政治气氛的和谐和政治秩序的安定。《孟子·离娄下》说："君仁，莫不仁；君义，莫不义。"按照司马光在《资治通鉴》史论中所坚持的观点，所谓"仁"，是诸种政治原则的基本主体，是谋求政治成功的主要保证："王者以仁义为丽，道德为威"；（卷一一）"虽有智勇而无仁义"，则"不能荡一四海，成美大之业"；（卷一一五）"怀民以仁"，"则国家安如磐石，炽如焱火，触之者碎，犯之者焦"。（卷七）"仁"是一种理想的政治形态，又是一种合理的政治方式，也是一种帝王应当遵行的政治道德准则。"仁"标志着较为宽厚温和的政治风格。在实际政治斗争中，人们还往往可以看到有高于这种政治伦理道德的原则，因而"仁"有时只具有相对的合理性。不过，我们还是可以看到，能不能"以仁义为丽"，对于变法的成败，意义确实十分重大。王莽改制，就可以看作具有代表性的史例。一般认为，王莽起初是以成功的道德伪装赢得人心的，班固在《汉书·王莽传下》中说："王莽始起外戚，折节力行，以要名誉，宗族称孝，师友归仁。"班固说，王莽就是孔子所说的"色取仁而行违"的人，他正是因为"既不仁而有佞邪之材"，又综合其他因素，而取得最显赫的政治权位的。"仁"，是王莽的真实性格还是他的道德伪饰，还可以继续讨论，但是关心改革史的人们更为关注的是，事实上王莽确实是在一派对于"仁"的颂声中开始号令天下，推行改制的。而王莽新政的失败和王莽新朝的败亡，也正是因为他的政治实践与所谓"仁政"完全悖逆的缘故。

中国传统政治道德中，又一个重要的原则，是"信"。战国时期，商鞅受秦孝公信用，在秦国主持变法，使秦走向富强，迅速成为第一强国。变法之令制定后尚未公布，恐民众不信，于是有著名的"徙木立信"的故事。司马光曾经就此评论说："夫'信'者，人君之大宝也。国保于民，民保于信；非信无以使民，非民无以守国。"司马光列举古来杰出的君王守"信"以成大业的实例，其中就包括"秦孝公不废徙木之赏"。（《资治通鉴》卷二）王莽改制的失败，也与他背离"信"的政治原则有关。他曾经刻意标榜自己的"信"，在始建国五年（公元13年）改十一公名号，以"新"为"心"，后来，又以"心"为"信"。但是因为他

"好变改制度"，"号令变易"过于频繁（《汉书·王莽传中》），终于丧失了基本的政治信誉，以致身败名裂。

"俭"也是传统中国测定政治道德水准的主要标尺之一。汉文帝作为汉初政治改革运动中起重要作用的帝王，是一位著名的讲究节俭的皇帝。他在位23年，宫室、苑囿、车骑、服御，皆无所增益。曾计划造露台，召工匠作预算，估计需用百金。文帝说，百金，相当于中等人家十家的家产。我继承先帝宫室，已经经常感到内心羞愧，又为什么还要造新的台呢！他穿着简朴，后宫妇女也不尚奢华，宫殿帷帐不施文绣，"以示敦朴，为天下先"。营造霸陵，亦不追求厚葬，"皆以瓦器，不得以金、银、铜、锡为饰。不治坟。"（《史记·孝文本纪》）汉文帝事迹，被作为为君之道的典范加以肯定。而作为汉初革除秦政之弊取得成功的标志"文景之治"的实现，也是与汉文帝以个人的俭朴作风作为行政典范有关的。

恩格斯在《反杜林论》中曾经指出："我们驳斥一切想把任何道德教条当做永恒的、终极的、从此不变的道德规律强加给我们的企图，这种企图的借口是，道德的世界也有凌驾于历史和民族差别之上的不变的原则。相反地，我们断定，一切已往的道德论归根到底都是当时的社会经济状况的产物。"（《马克思恩格斯选集》第3卷，第133～134页）反历史的中国传统道德论者以为他们所肯定的传统政治伦理和传统政治道德的教条既适用于以往，又适用于当今。这种认识之所以荒谬，就在于他们没有看到在不同的社会基础和文化史进程中丰富多变的道德形态的关系。不过，我们在回顾变法史时可以看到，正统政治伦理与政治道德准则尽管在总体上越来越暴露出乏力与疲软，但是在不同的历史时期，却仍然能够经常成为变法运动不可忽视的助力或者阻力。这一现象，也正说明了中国历史上的"社会经济状况"长期没有发生根本性的变化。我们当然不会认为传统政治伦理与传统政治道德的原则对于变法的历史有决定性的意义。我们只是期望在对历史上政治伦理、政治道德同变法运动的关系进行探讨时会得到具有借鉴意义的发现。

认识传统政治伦理和传统政治道德的内容及其对于改革事业的作用，是为了更全面、更真实地了解中国历史上变法改革的特质，并且也可以在对现代政治生活分析时发现某种历史渊源关系，同时寻求兴利除弊的方式。

（3）变法的悲剧程式与变法主持者的悲剧结局。

中国历史上许多次重要的变法运动，都以悲剧的形式落幕。中国历史上许多位著名的变法主持者，都以悲剧人物的形象终结了自己的人生。

《逸周书·史记》中有"好变故易常者亡"的说法。司马迁在《史记·袁盎晁错列传》中，也曾经引用这样一句民间俗语："变古乱常，不死则亡。"似乎努力改变故制、更易常规的人，往往总是难免身败名裂的结局。

悲壮的失败，几乎成为中国变法史的一种定式。

商鞅在秦孝公的支持下推行变法，使秦国迅速崛起，成为当时最富强的国家之一。但是，在秦孝公去世之后，商鞅的政治境遇立即出现危机。秦惠王即位，因新法的反对者公子虔等人告商鞅欲反，于是发吏捕商鞅。商鞅出逃不成，回到商邑（今陕西丹凤），组织武装力量北出击郑，兵败被杀。（《史记·六国年表》）"秦惠王车裂商君以徇，曰：'莫如商鞅反者！'"（《史记·商君列传》）同时杀害了商鞅整个家族。

不过，商鞅虽死，秦法未败，变法的成果仍然得以继续保留。商鞅推行的许多制度，对于后来的中国政治格局，形成了长期的影响。然而作为变法领袖的商鞅，其悲剧结局，在历史上留下的印象令人痛心。

历史上的改革运动常常不能脱出悲剧定式，历史上的改革家也大多归于悲剧结局，这反映了在中国传统政治文化的根基上，改革异常艰难。

鲁迅曾经在《中国人失掉自信力了吗?》一文中这样写道："我们从古以来，就有埋头苦干的人，有拼命硬干的人，有为民请命的人，有舍身求法的人……虽是等于为帝王将相作家谱的所谓'正史'，也往往掩不住他们的光辉，这就是中国的脊梁。"（《且介亭杂文》）

中国历史上一代一代悲壮赴死的改革家们，就是这样的人。

他们为了变法事业置身家性命于不顾的精神，体现出我们民族文化在古老沉重的压抑下倔强地追求新生的希望。

透过变法失败之后殷红的血光，我们总是可以看到历史前进的辉煌的曙色。

参考书目

1. 白钢主编《中国政治制度史》，社会科学文献出版社，2007。

2. 刘泽华：《先秦政治思想史》，南开大学出版社，1984。

3. 杨宽：《战国史》，上海人民出版社，2003。

4. 黄中业：《战国变法运动》，吉林大学出版社，1990。

5. 林剑鸣：《秦史稿》，上海人民出版社，1981。

6. 翦伯赞：《秦汉史》，北京大学出版社，1983。

7. 逯耀东：《从平城到洛阳》，联经出版事业公司，1979。

8. 何兹全主编《中古时代·三国两晋南北朝时期》，白寿彝总主编《中国通史》第5卷，上海人民出版社，1995。

9. 周建汇：《太和十五年——北魏政治文化变革研究》，广东人民出版社，2001。

10. 梁启超：《王安石传》，海南出版社，1993。

11. 邓广铭：《北宋政治改革家王安石》，人民出版社，

1997。

12. 帅鸿勋：《王安石新法研述》，正中书局，1973。

13. 漆侠：《王安石变法》（增订本），河北人民出版社，2001。

14. 朱东润：《张居正大传》，《朱东润传记作品全集》第 1 卷，东方出版中心，1999。

15. 王天有、高寿仙：《明史：一个多重性格的时代》，三民书局，2008。

16. 南炳文、庞乃明主编《"盛世"下的潜藏危机——张居正改革研究》，南开大学出版社，2009。

17. 韦庆远：《张居正和明代中后期政局》，广东高等教育出版社，1999。

18. 萧少秋：《张居正改革》，求实出版社，1987。

19. 龚书铎主编《近代前编（1840～1919）（上）》，白寿彝总主编《中国通史》第 11 卷，上海人民出版社，1999。

20. 龚书铎主编《近代前编（1840～1919）（下）》，白寿彝总主编《中国通史》第 11 卷，上海人民出版社，1999。

21. 范士华：《戊戌变法：近代中国的一次改革》，求实出版社，1987。

22. 《中国史研究》编辑部编《中国古代改革家》，中国社会科学出版社，1987。

后　记

　　在传统中国，变法改革，特别是触动社会基础和政治支柱的激烈的变法改革，与讲究"治"、讲究"安"的文化基调总是难以协调，因而长期被看做一种反正统的、非主流的、不正常的文化现象。

　　中国传统社会的文化基调强调稳定的平和宁静风格，即使进步亦追求缓进。

　　《管子·君臣下》说："为人君者，倍道弃法而好行私，谓之'乱'。为人臣者，变故易常，而巧言以谄上，谓之'腾'。'乱'至则虐，'腾'至则背。"就是说，身为君主，背弃传统的法制，一意孤行，就是政治的迷乱。身为人臣，变易传统的秩序，宣传邪说，就是政治的僭忒。这种反常的政治现象，都将导致严重的动乱。历史上的变法，都可以解读为"倍道弃法"，"变故易常"。"倍道"，就是"背道"、"悖道"。《宋史·儒林列传五·胡安国传》中可以看到对王安石变法的攻击："王安石轻用已私，纷更法令，弃诚而怀诈，兴利而忘义，尚功而悖道。人皆知安石废祖宗法令，不知其并与祖宗之道废之也。邪说既行，正论屏弃，故奸谀敢挟绍述之义以逞其私，下诬君父，上欺祖宗，诬谤宣仁，废迁隆佑，使我国家君臣夫妇之间顿生疵疠，三纲废坏，神化之道泯然将灭。遂使敌国外横，盗贼内讧，王师伤败，中原陷没。二圣远栖于沙漠，皇舆僻寄于东吴。嚣嚣万姓，未知攸底，祸至酷也！"变法的反对者甚至将数十年后民族战争的失败，也归结于王安石"纷更法令"。其中"悖道"和"忘义"并说，是十分严厉的攻击。读古代文献，常可看到对"悖道逆理"（《后汉书·隗嚣传》）、"悖道弃义"（《旧唐书·敬晖传》）、"悖道乱常"（《唐大诏令集》卷一一九《令秦王讨王世充诏》）、"悖道违命"（《续资治通鉴长编》卷四六〇"宋哲宗元祐六年"）、"悖道害德"（〔宋〕张九成：《横浦集》卷七《太甲论中》）的指责。而所谓"反经悖道"（《大事记续编》卷二九"晋显宗咸康三年"）、"违制悖道"（〔宋〕萧楚：《春秋辨疑》卷一《弑杀辨》）、"诬祖悖道"（〔宋〕范祖禹：《唐鉴》卷一《高祖上》）、"逆天悖道"（《历代名臣奏议》卷一四三《张孝祥论涵养人才劄子》）、"反伦悖道"（《柳河东集》卷三二《与瞿饶州论石钟乳书》）、"离经悖道"（〔清〕毛奇龄：《西河集》卷一二四《禁室女守志殉死文》）等，也体现"悖道"是极其严重的罪行。

指责王安石变法的人士说，王安石不仅"废祖宗法令"，推行了新法，而且"并与祖宗之道废之也"，颠覆了传统的原则和文化的根本。

在这种政治理念的主导下，于是，"变故易常，乃为政之大忌"（《周书·颜之仪传》），成为一种政治思维的定式，成为一种政治生活中规范所有思想和言行的铁律。

《楚辞·九辩》写道："变古易俗兮世衰。"根据唐代学者的解释，应当理解为："代衰之时，则必变古之法，易常之道。"也就是说，变法改革运动的兴起，往往导致时世的衰颓。但是，我们如果从另一个角度来理解，是不是也可以说，正是因为"世衰"，正是因为处于"代衰之时"，才使得所谓"变古易法"，也就是"变古之法，易常之道"，成为历史的必然呢？

任何一代执政者，都妄想当时的政治制度能够凝定化，成为万古不变的定式。但是，历史是一种不以任何人的意志为转移的客观运动。尽管变法改革面对着诸多的阻力，缠绕着无尽的繁难，预伏着万重的艰险，仍然如大江浪涛，百折不回地、此伏彼起地推动着历史潮流奔腾前进。

历史上的变法改革，背景往往是那样的复杂，进程往往是那样的曲折，结局往往是那样的悲壮，要总结变法史、改革史的规律，要描绘变法史、改革史的全景，即使是大手笔，可能也不是以个人力量短期内能够完成的。这样的课题，最终成果可能是分量相当惊人的巨制。

现在摆在读者面前的这本小书，只是回顾和理解变法史、改革史，简要地介绍变法史、改革史的一种尝试。其中参考和借鉴列位师友研究论著甚多，点滴个人见解，则均有待于在今后的学习和思考中推敲凝练。因为笔者学力的浅薄，疏误必然难免，因而诚挚地期望得到批评指正。

　　本书写作，得到社会科学文献出版社高世瑜先生的鼓励。中国人民大学国学院吕方给予诸多帮助。谨此一并致谢。

王子今

2011 年 4 月 5 日

《中国史话》总目录

系列名	序号	书　名	作　者
物质文明系列（10种）	1	农业科技史话	李根蟠
	2	水利史话	郭松义
	3	蚕桑丝绸史话	刘克祥
	4	棉麻纺织史话	刘克祥
	5	火器史话	王育成
	6	造纸史话	张大伟　曹江红
	7	印刷史话	罗仲辉
	8	矿冶史话	唐际根
	9	医学史话	朱建平　黄　健
	10	计量史话	关增建
物化历史系列（28种）	11	长江史话	卫家雄　华林甫
	12	黄河史话	辛德勇
	13	运河史话	付崇兰
	14	长城史话	叶小燕
	15	城市史话	付崇兰
	16	七大古都史话	李遇春　陈良伟
	17	民居建筑史话	白云翔
	18	宫殿建筑史话	杨鸿勋
	19	故宫史话	姜舜源
	20	园林史话	杨鸿勋
	21	圆明园史话	吴伯娅
	22	石窟寺史话	常　青
	23	古塔史话	刘祚臣

系列名	序号	书名	作者	
物化历史系列（28种）	24	寺观史话	陈可畏	
	25	陵寝史话	刘庆柱	李毓芳
	26	敦煌史话	杨宝玉	
	27	孔庙史话	曲英杰	
	28	甲骨文史话	张利军	
	29	金文史话	杜 勇	周宝宏
	30	石器史话	李宗山	
	31	石刻史话	赵 超	
	32	古玉史话	卢兆荫	
	33	青铜器史话	曹淑琴	殷玮璋
	34	简牍史话	王子今	赵宠亮
	35	陶瓷史话	谢端琚	马文宽
	36	玻璃器史话	安家瑶	
	37	家具史话	李宗山	
	38	文房四宝史话	李雪梅	安久亮
制度、名物与史事沿革系列（20种）	39	中国早期国家史话	王 和	
	40	中华民族史话	陈琳国	陈 群
	41	官制史话	谢保成	
	42	宰相史话	刘晖春	
	43	监察史话	王 正	
	44	科举史话	李尚英	
	45	状元史话	宋元强	
	46	学校史话	樊克政	
	47	书院史话	樊克政	
	48	赋役制度史话	徐东升	
	49	军制史话	刘昭祥	王晓卫

系列名	序号	书名	作者
制度、名物与史事沿革系列（20种）	50	兵器史话	杨毅 杨泓
	51	名战史话	黄朴民
	52	屯田史话	张印栋
	53	商业史话	吴慧
	54	货币史话	刘精诚 李祖德
	55	宫廷政治史话	任士英
	56	变法史话	王子今
	57	和亲史话	宋超
	58	海疆开发史话	安京
交通与交流系列（13种）	59	丝绸之路史话	孟凡人
	60	海上丝路史话	杜瑜
	61	漕运史话	江太新 苏金玉
	62	驿道史话	王子今
	63	旅行史话	黄石林
	64	航海史话	王杰 李宝民 王莉
	65	交通工具史话	郑若葵
	66	中西交流史话	张国刚
	67	满汉文化交流史话	定宜庄
	68	汉藏文化交流史话	刘忠
	69	蒙藏文化交流史话	丁守璞 杨恩洪
	70	中日文化交流史话	冯佐哲
	71	中国阿拉伯文化交流史话	宋岘

系列名	序号	书　名	作　者	
思想学术系列（21种）	72	文明起源史话	杜金鹏　焦天龙	
	73	汉字史话	郭小武	
	74	天文学史话	冯　时	
	75	地理学史话	杜　瑜	
	76	儒家史话	孙开泰	
	77	法家史话	孙开泰	
	78	兵家史话	王晓卫	
	79	玄学史话	张齐明	
	80	道教史话	王　卡	
	81	佛教史话	魏道儒	
	82	中国基督教史话	王美秀	
	83	民间信仰史话	侯　杰	
	84	训诂学史话	周信炎	
	85	帛书史话	陈松长	
	86	四书五经史话	黄鸿春	
	87	史学史话	谢保成	
	88	哲学史话	谷　方	
	89	方志史话	卫家雄	
	90	考古学史话	朱乃诚	
	91	物理学史话	王　冰	
	92	地图史话	朱玲玲	
文学艺术系列（8种）	93	书法史话	朱守道	
	94	绘画史话	李福顺	
	95	诗歌史话	陶文鹏	
	96	散文史话	郑永晓	
	97	音韵史话	张惠英	
	98	戏曲史话	王卫民	
	99	小说史话	周中明　吴家荣	
	100	杂技史话	崔乐泉	

系列名	序号	书名	作者
社会风俗系列（13种）	101	宗族史话	冯尔康　阎爱民
	102	家庭史话	张国刚
	103	婚姻史话	张　涛　项永琴
	104	礼俗史话	王贵民
	105	节俗史话	韩养民　郭兴文
	106	饮食史话	王仁湘
	107	饮茶史话	王仁湘　杨焕新
	108	饮酒史话	袁立泽
	109	服饰史话	赵连赏
	110	体育史话	崔乐泉
	111	养生史话	罗时铭
	112	收藏史话	李雪梅
	113	丧葬史话	张捷夫
近代政治史系列（28种）	114	鸦片战争史话	朱谐汉
	115	太平天国史话	张远鹏
	116	洋务运动史话	丁贤俊
	117	甲午战争史话	寇　伟
	118	戊戌维新运动史话	刘悦斌
	119	义和团史话	卞修跃
	120	辛亥革命史话	张海鹏　邓红洲
	121	五四运动史话	常丕军
	122	北洋政府史话	潘　荣　魏又行
	123	国民政府史话	郑则民
	124	十年内战史话	贾　维
	125	中华苏维埃史话	杨丽琼　刘　强
	126	西安事变史话	李义彬
	127	抗日战争史话	荣维木

系列名	序号	书名	作者
近代政治史系列（28种）	128	陕甘宁边区政府史话	刘东社　刘全娥
	129	解放战争史话	朱宗震　汪朝光
	130	革命根据地史话	马洪武　王明生
	131	中国人民解放军史话	荣维木
	132	宪政史话	徐辉琪　付建成
	133	工人运动史话	唐玉良　高爱娣
	134	农民运动史话	方之光　龚　云
	135	青年运动史话	郭贵儒
	136	妇女运动史话	刘　红　刘光永
	137	土地改革史话	董志凯　陈廷煊
	138	买办史话	潘君祥　顾柏荣
	139	四大家族史话	江绍贞
	140	汪伪政权史话	闻少华
	141	伪满洲国史话	齐福霖
近代经济生活系列（17种）	142	人口史话	姜　涛
	143	禁烟史话	王宏斌
	144	海关史话	陈霞飞　蔡渭洲
	145	铁路史话	龚　云
	146	矿业史话	纪　辛
	147	航运史话	张后铨
	148	邮政史话	修晓波
	149	金融史话	陈争平
	150	通货膨胀史话	郑起东
	151	外债史话	陈争平
	152	商会史话	虞和平
	153	农业改进史话	章　楷
	154	民族工业发展史话	徐建生
	155	灾荒史话	刘仰东　夏明方
	156	流民史话	池子华
	157	秘密社会史话	刘才赋
	158	旗人史话	刘小萌

系列名	序号	书名	作者	
近代中外关系系列（13种）	159	西洋器物传入中国史话	隋元芬	
	160	中外不平等条约史话	李育民	
	161	开埠史话	杜语	
	162	教案史话	夏春涛	
	163	中英关系史话	孙庆	
	164	中法关系史话	葛夫平	
	165	中德关系史话	杜继东	
	166	中日关系史话	王建朗	
	167	中美关系史话	陶文钊	
	168	中俄关系史话	薛衔天	
	169	中苏关系史话	黄纪莲	
	170	华侨史话	陈民	任贵祥
	171	华工史话	董丛林	
近代精神文化系列（18种）	172	政治思想史话	朱志敏	
	173	伦理道德史话	马勇	
	174	启蒙思潮史话	彭平一	
	175	三民主义史话	贺渊	
	176	社会主义思潮史话	张武	张艳国 喻承久
	177	无政府主义思潮史话	汤庭芬	
	178	教育史话	朱从兵	
	179	大学史话	金以林	
	180	留学史话	刘志强	张学继
	181	法制史话	李力	
	182	报刊史话	李仲明	
	183	出版史话	刘俐娜	

系列名	序号	书名	作者
近代精神文化系列（18种）	184	科学技术史话	姜　超
	185	翻译史话	王晓丹
	186	美术史话	龚产兴
	187	音乐史话	梁茂春
	188	电影史话	孙立峰
	189	话剧史话	梁淑安
近代区域文化系列（11种）	190	北京史话	果鸿孝
	191	上海史话	马学强　宋钻友
	192	天津史话	罗澍伟
	193	广州史话	张　苹　张　磊
	194	武汉史话	皮明庥　郑自来
	195	重庆史话	隗瀛涛　沈松平
	196	新疆史话	王建民
	197	西藏史话	徐志民
	198	香港史话	刘蜀永
	199	澳门史话	邓开颂　陆晓敏　杨仁飞
	200	台湾史话	程朝云